« LES AFRIQUES »

MISERES IMPOSEES

(LA *RDCONGO EN EXEMPLE*)

STOP !

BASTA !

INATOSHA !

AfrikaSimama « AS » AfriqueSurvie

Mukolo-Ndjolo Evariste est médecin chirurgien, et urgentiste, de l'Université Catholique de Louvain en Belgique. Retraité, il est originaire de la RDCongo, Région Des Grands Lacs d'Afrique, où il avait fait ses études de Médecine à Bujumbura (Burundi) et à Kinshasa (RDCongo). Il avait aussi été l'un des initiateurs de l'Université Catholique de Bukavu (UCB) où il avait évolué comme Chef des Travaux tout en étant Chirurgien à l'Hôpital Général de Bukavu. Il aura été un témoin éclairé des évènements survenus dans son pays natal et dans la Région des Grands Lacs d'Afrique au cours de trois dernières décennies.

Amazon KDP:
https://kdp.amazon.com/fr_FR/bookshelf

AfrikaSimama « AS » AfriqueSurvie

MUKOLO

« LES AFRIQUES »
MISERES IMPOSEES

(LA *RDCONGO EN EXEMPLE*)

STOP !
BASTA !
INATOSHA !

AfrikaSimama « AS » AfriqueSurvie

AfrikaSimama « AS » AfriqueSurvie

<u>DU MEME AUTEUR</u>

FEDERALISME AU ZAIRE
Le Sud-Kivu Est-il Possible ?
Afrique Survie (AS) 1994 – Bukavu -Kivu-
Presse
AFRIQUE COCCUE
Fourberie des Interventions Étrangères en
Afrique
Afrique Survie (AS) 1995 – Bukavu - Kivu-
Presse
**AFRIQUE ETOUFFEE – ETHNIES –
GUERRES - GENOCIDES
DES CAPITALES AUX REGIONS : LA
VOIE.**
Ed. AfrikaSimama 2014 – Amazon-KDP-eBook
FEDERALISME EN AFRIQUE (Réédition
adaptée)
Les Régions Sont Elles Possibles ?
AfrikaSimama (AS) Amazon KDP – 2014 eBook
AFRIQUE COCCUE (Réédition KDP)
Fourberie des Interventions Étrangères en
Afrique
AfrikaSimama (AS) Amazon KDP – 2014 eBook
AFRIQUE - CESSEZ LE SANG
AfrikaSimama (AS) Amazon KDP – 2014 eBook

AfrikaSimama « AS » AfriqueSurvie

Table des matières

AfrikaSimama « AS » AfriqueSurvie

Dédicace

Je dédie cette modeste analyse de la situation de misères, dans laquelle se trouve le continent africain en ce début du 21ème siècle, à tous les jeunes Africains soucieux de « l'Indépendance Économique » de leur continent, et de leurs pays, dans un Monde faux, impitoyable, et criminel.

À eux d'aller loin, au front pour libérer l'Afrique des génocides et pillages qui ont trop duré sur leur continent.

AfrikaSimama « AS » AfriqueSurvie

AfrikaSimama « AS » AfriqueSurvie

PROLOGUE

Stop, Basta, Inatosha !

*Mensonges hégémoniques, Idéologies sanguinaires : «
Les Humains » !*

*Blacks, des Noirs ; Whites, des Blancs : « des
Hommes »*
*Des Blancs cabalistiques, et des nègres convulsifs :
« Les Hommes » !*
Caên et Abel, la haine et le sang : « Les Hommes » !
*Vautours dans les cieux, des Blancs sur le
Congo : « Les Hommes » !*
*Des Blacks décapités, un fleuve rougeoyant : « Les
Hommes » !*
*Ces Blacks, des traitres ; les Blancs, des maitres :
« les Hommes » !*
*Kivu Hurlements, Ituri gémissements : génocide au
Congo : « Les Hommes » !*
*Gourou le Blanc, Blacks l'envouté, misères imposées :
« Les Hommes !»*
*Semblables au berceau, pareils en cercueils : « Les
Hommes » !*

Jalousies ; boulimies et massacres : « Les Humains » !

Stop, Basta, Inatosha !

L'Auteur.

I. BARBARIES ETRANGÈRES EN AFRIQUE

1. STRATÉGIES DE CHAOS PERMANENT

Les expériences des coopérations postcoloniales, les unes dites de « développement », et les suivantes dites « d'aides humanitaires » par des organisations non-gouvernementales, ne pouvaient qu'interroger au vu des résultats constatés sur terrains africains. Avec des convois d'organisations non-gouvernementales étrangères, qui se remplacent en Afrique depuis les indépendances, et les dernières décennies particulièrement, une lecture critique des rapports du continent africain avec le monde extérieur s'était imposée.

Les propagandes des puissants médias étrangers qui avaient accompagnent officiels et humanitaires étrangers laissent croire que la charité a tout le temps débarqué sur le continent malheureux. Mais, bizarrement, les conflits les plus meurtriers se déroulent en Afrique dès la fin du 20ème siècle, et le développement y est maintenu au point zéro. Plus rien ne s'y fait sauf des guerres. Et toutes ces guerres sont accompagnées d'interventions étrangères sous formes de

Coopérations, d'organisations non gouvernementales, et autres humanitaires. Jamais on n'a vu débarquer des usines, ni des défenseurs des Droits Économiques sur le continent miséreux :

L'Afrique accueille plus des pompiers que des médecins ! Et des questions de se poser.

Qui d'autre finance des conflits armés en Afrique sinon ceux-là qui disposent des grands moyens et fabriquent des armes ! Et pourquoi ces dits bienfaiteurs étrangers sont de toutes les guerres qui se passent sur le continent ! Le continent est à l'évidence le dindon de la farce. Il est roulé dans la farine, et exploité à volonté des pays étrangers qui usent du machiavélisme à visages variables.

L'esclavage, c'était pour le développement de

l'agriculture et le bien de « l'Humanité » ; la colonisation, c'était pour « civiliser » des sauvages Africains ; les coopérations, c'était pour développement et l'envol socioéconomique des jeunes États indépendants ; les Organisations non-gouvernementales, pour réaliser ce que les premiers n'avaient réussi. Et maintenant, c'est l'Assistance Humanitaire ; comme l'Histoire se répète !

Et dire que toutes ces interventions, dites humanitaires, semblent bizarrement budgétisées d'avance, comme si des conflits sur théâtres africains avaient été prévus par les bailleurs.

Que penser de tous les coups d'épées dans l'eau qui clouent l'Afrique sur place depuis des siècles, et qui accusent. Bilan fait, le continent n'a pas bougé d'un pouce ; il saigne et recule. L'Afrique est cocue.

2. MENSONGES HÉGÉMONIQUES

Ce sont les « Idéologies » imposées.

Des vrais mensonges avaient été pondus par des

esprits diaboliques pour justifier des dominations des uns sur d'autres. Et ces montages avaient été diffusés et imposés comme dogmes universels ; idéologies qui dictent les relations humaines et influencent la marche actuelle du Monde.

A-t-elle, l''Afrique, jamais dominé quelque part ? Il faut remonter à l'Antiquité pour découvrir une Afrique du nord combattive, avec Carthage autour du bassin méditerranéen. Quant à l'Afrique noire au Sud du Sahara, elle a toujours été combattue et exploitée dans l'Histoire.

Si des pays des Blancs, puisque c'est bien d'eux qu'il s'agit, manifestent une certaine considération envers l'Afrique arabe, ils affichent un mépris à peine dissimulé l'égard de l'Afrique noire, au Sud du Sahara, par eux qualifiée de « bananière ».

Ils ont utilisé toutes les voies pour imposer « l'idée » de supériorité Blancs sur des Blacks : religions, médias, enseignements, littérature et Arts, expositions publiques, et pseudosciences...

On entend dire : « Ils ne sont pas comme nous ! C'est même écrit dans la bible : le « Mythe de Cames... »

Inconsciemment, et à longueur des siècles, mentalités et comportements paternalistes se sont forgés contre le Noir. Ainsi minimisé à souhait, marginalisé à dessein, l'Humain Noir avait fini par croire lui-même en son infériorité supposée intrinsèque. Que des scandales de vie soient courants chez tous les humains, mais dès qu'un seul Noir en est l'auteur, ce sont tous les Noirs de la Terre qui en sont accusés et frappés d'anathème ! Étiqueté de voleur, de menteur, de dépravé sexuel, et même de paresseux par ceux-là qui profitent de sa force de travail, l'Homme Noir vit dans une défensive permanente.

Tellement ramolli et modelé au fil du temps, le « grand enfant », comme Blancs racistes l'appellent, avec mépris et ironie, avait fini par se rigidifier ; et devenir attentiste, soumis.

Habité d'un sentiment d'indignité et d'infériorité inculquées, le Noir en était arrivé à se juger lui-même incompétent et incapable ; il attendra toujours le choix du Blanc pour agir. Aux ordres du White, le Noir avait cessé de réfléchir par lui-même. Et il éprouvera même une satisfaction à être ironiquement congratulé par son maitre pour une corvée accomplie.

Ce sentiment d'infériorité est à l'origine du « complexe d'infériorité du Nègre. Comme hypnotisé, l'Humain Noir a la tête tournée en permanence vers l'extérieur, vers le Blanc ; il est atteint d'une véritable malade mentale. Au garde à vous, comme paralysé, il attend ordres et solutions à ses problèmes de son White, meurtrier soit-il !

Comme du réflexe conditionné de Pavlov, le complexe d'infériorité de l'Humain Noir se déclenche automatiquement chez la majorité des leaders africains, au pouvoir comme dans l'opposition. Qu'il soit Président de la République ou cuisinier de maison, chacun se cherche son White. Et, inconsciemment, par paroles et par actions, ils transmettent le même complexe à leurs descendances.

Face à des descendants des Blancs racistes, « culturés » dans un contexte de ce préjugé historique, des cadres Blancs qui les croisent, et les toisent, avec arrogance, qui leur parlent avec condescendance et sourires moqueurs, des cadres Noirs seront révérencieux, « gentils » au sens ironique du terme.

Même des chefs d'États noirs se choisissent toujours des conseillers blancs, comme pour dire que des Noirs comme eux, même très instruits, ne valent rien face à un quelconque Blanc.

Le spectacle n'est pas différent dans des ports et aéroports africains où des Noirs, chefs de missions, sont régulièrement malmenés par des douaniers noirs, lesquels se montrent souriants et respectueux avec leurs subalternes Blancs.

Il faut bien croire qu'il est difficile pour les uns et les autres, Humains Blancs et Humains Noirs, modernes soient-ils, de changer spontanément de comportements. Il faudra du temps avant de dénouer les fils de la bêtise humaine, les nœuds des mensonges hégémoniques des Blancs, qui étranglent le Monde depuis des millénaires. Il est néanmoins temps de commencer la démarche.

3. LA FORCE POUR LOI

L'Histoire des hommes a toujours donné la part belle aux vainqueurs des guerres, injustes et cruelles soient-elles ; et cela n'est pas près de s'arrêter. C'est « La loi du plus fort » qui régit les rapports entre les États et entre les peuples. Il y a des riches et des pauvres, des puissants et des valets.

Au niveau des institutions planétaires, comme le Nations Unies (ONU), ce sont des pays surarmés, riches de leurs anciennes colonies, qui seuls décident de la marche du Monde à la place des tous les autres.

Tout un continent comme l'Afrique n'y a pas de « Droit de Véto » alors qu'il représente le quart des pays du globe, les 14% de la population mondiale, les 40% des réserves des ressources naturelles, et les 60 % des terres arables de la planète. Et avec tout cela, on raconte que ce continent ne pèse bizarrement que 2% des échanges économiques mondiaux (comme si rien n'en sortait) jamais ! Et d'être sous représenté par rapport à de simples pays dans des institutions planétaires.

Il n'existe donc aucune démocratie dans les rapports entre les pays ; que la force, l'argent, les d'intérêts. Ce sont des rapports léonins qui lient le continent africain au monde extérieur dominateur. Tout est lui est imposé depuis l'esclavage et la Conférence de Berlin, et ce, dans une logique de pure exploitation.

Des programmes de coopérations, dits de développement, avaient malicieusement endetté le continent, celui-ci devant rembourser plus qu'il n'avait réellement reçu, des dits donateurs ayant été des consommateurs des prêts prétendument donnés ; les salaires mirobolants de leurs agents ayant consommé l'aide en question. Drôle de coopération ! C'est une Afrique faussement endettée, redevable à merci, et soumise à des chantages sans fin qui vit dans des misères. Où qu'il aille, l'Humain Noir est le sous-payé du système ; « à travail égal, salaire égal », la belle chanson pour nigauds !

Les actions des institutions financières, dites Internationales, en Afrique n'ont jamais eu rien de comparable avec le Plan Marshall qui avait eu raison des destructions subies par l'Europe après la 2ème Guerre Mondiale. Elle se limitent à des ajustements dits « structurels », sorte de mirages qui se résument à des conditions de vie impossibles pour les africains, au nom de la « rigueur », laquelle rigueur ne touchait jamais des experts étrangers grassement payés aux frais des peuples d'Afrique et au moment où des travailleurs étaient carrément jetés au chômage ! Et des pays plébiscités de « bons élèves », par ces Institutions financières, finissaient surendettés à cause des taux d'intérêts ruineux leur imposés. Ces naïfs pays avaient tout simplement récolté des famines, des troubles sociaux, et des guerres en prime. Il s'agit d'une des grandes arnaques contre le continent africain aux vingtième et vingt-et-unième siècles.

Il n'y a jamais eu de « Conférence Économique pour l'Afrique », tout un continent, alors qu'elles se tiennent en faveur de simples pays comme la Grèce, le Liban...

Ce n'est pas une préoccupation des pays riches qui se disent les maitres du monde. Pour ces puissances, l'Afrique doit demeurer un chantier, et un chantier on l'exploite, on ne l'embellit pas.

4. PILLAGES SAUVAGES

Par force et malice, le continent africain est maintenu la tête sous l'eau pour qu'elle ne décolle jamais. Il n'est pas rare d'entendre dire : « ...Nous aimons l'Afrique, pas les Africains... ».

Des peuples étrangers débarquent sur le continent, comme des chasseurs en forêt, et y tirent sans état d'âme sur tout ce qui bouge sans se poser des questions ! Et ils se servent en or, diamants, cobalt, uranium, coltan... gratuitement !

Des forces négatives sont sur le continent depuis des siècles ; et elles saignent l'Afrique en abusant de sa confiance et de son ignorance. Maitres absolus, ces Blancs, pour dire des racistes Blancs, ils sont en terres africaines depuis la Conférence de Berlin ; et ils omettent de dire et d'admettre qu'aucun africain n'avait siégé dans leur conférence de malheurs.

Mais elles ont inventé des concepts, fixé des règles, et imposé des procédures que les Africains non-initiés devaient sans discussion respecter. Et le continent de se trouver à vendre ses matières premières à perte, les acheteurs étant ceux qui en fixent les prix à leur avantage.

Ce très long diktat impérialiste, à transactions ruineuses, et d'autres contrats léonins, auront plongé l'Afrique dans des misères toujours croissantes. Le continent peine à la tâche, et c'est pour la prospérité des peuples étrangers. Cette fourberie, qui consiste à voler l'Afrique et s'enrichir, n'est ni plus ni moins un hold-up moralement indéfendable.

Des pillages en cours sur le continent sont de tous ordres : économique, matériel, intellectuel, culturel... ; ils se passent au même moment, et partout, dans tous pays, les « Afriques » !

Ces pillages sont mortifères à tous les peuples d'Afrique car leurs conséquences négatives se répercutent sur tout le continent. Les criminels sont connus ; ils devraient normalement être poursuivis et payer des dommages et intérêts au continent ; mais ils sont juges et parties.

L'Afrique a tellement perdu des ressources qu'il a la tête sous l'eau. Elle condamné à s'en sortir par tous les moyens et quels que soient les sacrifices.

Et maintenant, on lui parle des « Globalistes », lesquels ne respectent rien, ni Vie humaine, ni frontières. Et d'où vient cette « idéologie globaliste » ? Des mêmes encore ! C'est l'Histoire qui se répète, comme pour l'esclavage, la Conférence de Berlin, les colonisations, l'Apartheid, les déstabilisations des États indépendants d'Afriques...Ce sont ces

Globalistes qui manipulent des minorités ethniques pour violer des frontières des pays souverains, y pénétrer en tuant, et piller des richesses d'autrui.

II. COURROIE D'EXPLOITATION DE L'AFRIQUE

Quel est ce continent qui s'est autant ruiné en ressources humaines et naturelles, en faveur d'autres dans l'histoire de l'Humanité, sinon l'Afrique !

Avec l'esclavage, ce sont des millions de solides jeunes Noirs qui, forcés, avaient traversé l'Atlantique pour des boums agricole d'autrui ; avec les colonisations, ce sont des milliers des milliards en richesses naturelles qui avaient été emportés gratuitement pour des victoires industrielles des tiers ; avec les coopérations, ce sont des dettes savamment fabriquées et imposées au continent ; et avec des guérillas contemporaines en séries, ce sont des pillages des minerais rares qui sont organisés sur le continent ! Il s'agit d'un véritable terrorisme systémique qui frappe l'Afrique depuis les trois derniers siècles particulièrement : il est politique, socio-économique, culturel, judiciaire, médiatique... À qui profite le crime ?

1. MAINS BLANCHES DANS GANTS NOIRS

À toutes les époques, et quels qu'aient été les prétextes avancés, les maitres du jeu sont restés les mêmes, les prédateurs étrangers ; et la cause qu'ils poursuivent toujours la même : l'exploitation sauvage de l'Afrique. Ces États prédateurs ont systématiquement éliminé les leaders nationalistes africains, et utilisé des nègres de service. Ils ont tout verrouillé contre le continent via des Institutions multilatérales qu'ils ont savamment fabriquées et qu'ils financent. Et ils utilisent des moyennes puissances, et petits pays africains pions, pour frapper le continent. Leur intention de nuire n'a jamais fait aucun doute.

C'est systématique, certaines puissances étrangères ont recours à des malades psychiatriques ou à des sociopathes africains pour contrôler des pays ; elles les imposent par la force aux sommets des États perpétuant la domination de l'Afrique. Comme d'une poule rôtie avec sa propre graisse, le continent est tenu en servitude via ses propres filles et fils.

C'est dire qu'il existe une véritable chaine d'exploitation du continent africain soigneusement pensée et active. Sous d'emballages « Humanitaires » et discours démocratiques, se cachent crimes odieux et pillages barbares des temps modernes en Afrique.

La volonté de puissance de certains pays étrangers explique leur intérêt pour l'Afrique. Leur hantise de « ne pas perdre » le statut de grande puissance les pousse à tous les excès, à des génocides.

Plus flexible que l'Asie et l'Amérique Latine, suite à un conditionnement à une soumission pluriséculaire vis-à-vis de l'extérieur, l'Afrique inculte aura été la proie facile des prédateurs, une manne tombée du ciel ! Ils s'étaient mis à y puiser des richesses à volonté ; et de construire leurs économies et prospérités.

Les prédateurs changent de noms et de méthodes selon les époques ; colons, coopérants, humanitaires et, actuellement, « Multinationales » au centre de la pyramide d'exploitation du continent.

Beaucoup des pays, dits riches, qui méprisent fondamentalement leurs nègres de service, que sont les dictateurs africains, s'en amusent beaucoup. Bercés par la chauvine mélodie « ...Noir c'est noir, il n'y a pas d'espoir... » de Johny Halliday, leurs dirigeants rigolent à tue-tête. Coupes de champagnes de marque en mains, ils se marrent à en mourir du zèle de leurs dévoués nègres de service contre d'autres nègres.

Rassurés, ces prédateurs concoctent continuellement de nouveaux plans de divisions d'un continent qui n'est pas le leur, planifient des crimes qu'ils savent d'avance impunis, la fin justifiant les moyens.

Comment comprendre que ceux qui construisent des unions d'États, des États unis... chez eux, s'acharnent à vouloir morceler l'Afrique ! Leur arrière-pensée n'est autre que d'étouffer dans l'œuf l'idée même des grands marchés africains qui pourraient leur faire ombrage.

Attiser des conflits intertribaux, financer des coups d'États, appuyer des guérillas criminelles, vouloir transformer, par des génocides, le continent africain en une mosaïque de « républiquettes » tribales, bananières, et exploitables à merci, est incontestablement un crime de masse prémédité, un crime contre l'Humanité.

2. INSTITUTIONS MULTILATÉRALES

Ce sont les mêmes puissances extérieures qui sont à la manœuvre au niveau des institutions Internationales, qu'elles avaient intentionnellement fondées. Toutes ces organisations sont leurs instruments d'assises des hégémonies dans le Monde. Le Tiers-Monde continue à être exploité, et soumis, à partir des règles que des institutions ont imposées à tous sans concertation préalable aucune. Dans le format actuel des rapports internationaux, certains États continueront à se développer indéfiniment, tandis que d'autres, dits pauvres, continueront inexorablement leurs descentes aux enfers.

L'Histoire l'a montré ; quiconque défie l'Ordre Hégémonique colonial impérialiste est tout simplement anéanti par le système. Des leaders charismatiques, comme Patrice Lumumba, Thomas Sankara, Mouammar Kadhafi...en ont payé le prix fort. Et des dirigeants africains ayant survécu ont été victimes des coups d'États ou des guérillas commanditées par les mêmes puissances étrangères. Rescapés, ces déchus ont été poussés à l'exil, ou carrément expédiés à la Cours Pénale Internationale fabriquée pour neutraliser l'Afrique qui revendique ; cela a été le cas avec le président ivoirien élu, monsieur Laurent Gbagbo.

Leurs belliqueux opposants, des pions, ont été hissés à la tête des États sans nullement être inquiétés pour des crimes contre l'Humanité qu'ils auront commis en s'emparant du pouvoir.

Bref, tout africain qui raisonne, qui veut discuter objectivement, et s'oppose au diktat impérialiste est un ennemi à abattre ; il sera éliminé au profit des psychopathes, des voyous irresponsables, des criminels impénitents.... Et tous ces forfaits seront masqués derrière des vocables méprisants « conflits intertribaux », soi-disant communs aux sauvages que seraient les Africains. Il y a tellement des crimes perpétrés par certains pays dits riches contre des peuples souverains africains au faux prétexte de défense de la « Démocratie », qu'il faudrait s'y pencher, investiguer.

La flagrante politique de deux poids deux mesures pratiquée par des institutions dites multilatérales, et par la Justice dite Internationale, censées être neutres et objectives, est, on ne peut plus, odieuse.

Des pays sont intentionnellement appauvris, stigmatisés, condamnés et, in fine, attaqués sous des faux prétextes ! Les agresseurs objectifs, auteurs intellectuels et financiers de ces crimes sont connus, mais ne sont jamais inquiétés dans un monde moderne pourtant réputé informé de tout !

Le continent africain souffre depuis des générations de ces agressions, et a droit à la Justice internationale. Si celle-ci est incompétente, qu'elle le déclare publiquement. Tromper l'Afrique par des maquillages du genre « le Procureur du Tribunal international est un Noir, ou du genre le Secrétaire Général de l'ONU est un Africain… », n'est pas une excuse. Cela n'efface pas des crimes des certains pays dits riches en Afrique.

3. PUISSANTS MÉDIAS ÉTRANGERS

Des grands médias, financés par les mêmes Puissances extérieures, assurent une large diffusion des mensonges hégémoniques.

Ils inhibent toute réflexion critique à l'échelle du monde, répandent et imposent des volontés de leurs maitres, autoproclamés « Communauté Internationale », dont l'adresse est par ailleurs inconnue.

Ce sont ces puissants médias qui fabriquent « l'Opinion dite Internationale », en cachant des vérités qui accusent, et diffusant des mensonges qui justifient des crimes en terre africaine. Et, naïfs, des leaders africains gobent, les yeux fermés, les pilules que ces médias de malheurs servent, pour ensuite les imposer à des peuples. Et ces derniers seront manipulés, vont s'entretuer pour des causes qui ne sont pas les leurs ; ici au motif de parler des langues étrangères différentes, là au motif d'appartenir à de idéologies politiques étrangères antagonistes, ou au motif de revendications ethniques fantaisistes contre des voisins…

Ce sont ces mêmes grands médias étrangers qui glorifient des exploits des milices armées qui déstabilisent des pays africains. Ils encensent des interventions dites humanitaires qui suivent en Afrique, en vantant des pions, et diabolisant des victimes objectives.

Et ce sont toujours ces mêmes médias qui font

large diffusion du cliché négatif du Noir africain, toutes les fois qu'ils en ont l'occasion, pour maintenir un complexe de supériorité de leur race, et justifier leur mainmise sur l'Afrique.

Maitres en « Guerre Psychologique », ces médias du système prédateur sont systématiquement présents sur tous les fronts de conflits armés ; on les trouvera aux côtés des déstabilisateurs, dont ils vanteront des exploits, vrais ou supposés. Ils sèmeront la panique dans des pays agressés afin d'accélérer la désertion des militaires, la fuite des habitants, et assurer une défaite sans résistance des régimes politiques en place vomis par des puissances étrangères, leurs maitres.

En occultant systématiquement des vérités qui accusent, et propageant des mensonges qui exploitent, ces grands médias étrangers sont ni plus ni moins que des bras armés criminels des tortionnaires des peuples souverains en Afrique. Aussi lâches que leurs maitres, qui s'attaquent avec violence armée à des peuples sans défense, ces médias ont des mains tout aussi sales, et ne méritent aucune considération.

4. NEGRES DE SERVICE

En cette fin du 20ème siècle, l'Afrique est le continent avec encore des dictateurs oubliés partout ailleurs. Ce n'est pas culturel, ni une fatalité.

À cette époque où des tout grands s'unissent, et mobilisent toutes leurs forces de frappe pour se « venger » d'un attentat perpétré sur l'un de leurs territoires, attaquent sans état d'âme, et neutralisent sans procès tout suspect de terrorisme, l'on pourrait s'étonner de l'immobilisme des dirigeants africains face à des génocides flagrants qui se déroulent sur le continent. Il y a une explication ! Installés aux pouvoirs par des Puissances extérieures, ces « pions et espions », couleur locale, n'ont aucun compte à rendre à des populations qui ne les ont jamais choisis, qu'ils méprisent et martyrisent à volonté. Très réceptifs aux sifflets de leurs maitres, ils autorisent tout bonnement, et très officiellement, des pillages dans leurs pays ou régions, en se contentant des miettes.

Ce sont des « bandits officiels » recrutés pour des bradages des richesses du continent en faveur de certains pays étrangers dit riches. À leur propre niveau, ils vivent du trafic des monnaies nationales, des détournements du dénier public, et de la fuite des capitaux vers des sociétés écrans et des paradis fiscaux.

Ces nègres de service, des parricides « auto-racistes », avalisent des monopoles en faveur d'étrangers dans des pays, leur accordent des exonérations fiscales…alors qu'ils surtaxent, au même moment, des petits commerces locaux, instaurant une concurrence déloyale contre les leurs, et un frein à l'éclosion de petites et moyennes entreprises locales.

Ces pions diaboliques s'entourent toujours des caïds rodés dans des magouilles à l'international : Indiens, Libanais, Nigérians…et autres, spécialisés dans des blanchiments de l'argent sale. Mais personne ne les inquiète vraiment au niveau international, clients des banques des pays riches qu'ils sont.

Folkloriques et superficiels, ces fantoches chefs africains qui concentrent tous les pouvoirs entre leurs mains, sont auteurs et acteurs de graves crimes contre l'Humanité au sein de leurs propres États comme chez des voisins.

Ces « esclaves de palais » sévissent contre leurs propres peuples (esclaves des maisons et esclaves des champs et des chantiers) ! Mais tellement bêtes qu'ils sont, ils ignorent qu'eux-mêmes et leurs peuples sont tous esclaves au 21ème siècle.

Avec ces chefs d'États pions, il n'y a aucun espoir de décollage du continent. Pires que des incultes chefs coutumiers esclavagistes de triste mémoire, ces potentats des temps modernes, membres des mafias étrangères, sont un véritable cancer pour le continent ; avec eux, les « Afriques » perdent tout dans des mariages des dupes.

Les peuples ne croient plus du tout en ces genre de mercenaires au service de l'étranger. La jeunesse africaine ne peut plus continuer à fuir, et aller périr sur des chemins de l'exil, ou en mers hostiles, à cause des traitres. Ce sont ces traitres qui doivent fuir !

Le triste meurtre de la frêle Samira Adamou, petite immigrée Noire, étouffée d'un coussin par de gros policiers Blancs dans un des grands aéroports de la très démocratique Europe–Aéroport de Zaventem de Bruxelles – , en septembre1998, pour avoir tout simplement opposé de la résistance à son rapatriement forcé vers son Afrique natale, et les décès des infortunés Fode Tounkara et Yaguine Koita, dans la soute d'un avion à destination de l'Occident en Août 1999, sont des drames qui révoltent. Mais, ahurissant aura été le cynisme et l'irresponsabilité de chefs d'États africains, dits « Hommes Forts » dans ces drames ! Ils n'avaient ni bougé le petit doigt, ni adressé des condoléances aux familles éprouvées, alors qu'ils sont les premiers à le faire à l'adresse des dirigeants de lointains pays des Blancs frappés par des calamités naturelles et de moindre ampleur.

Ces douloureux souvenirs rappellent, encore et toujours, la détresse de la jeunesse Noire, et l'irresponsabilité des dirigeants africains dans le monde. La célérité avec laquelle ces pions déchoient de leurs nationalités des exilés, nonobstant leur droit du sang, comme c'est le cas pour la RD Congo, pays ici en exemple, confirme l'allégation selon laquelle ce sont ces traitres chefs africains qui incitent des peuples à l'exil, histoire de rester seuls maitres sur terrain, et ne pas être dérangés par une jeunesse turbulente et des intellectuels revendicateurs.

Le décompte macabre de migrants africains anonymes sur des bateaux de fortune surchargés, qui tanguent dans des mers carnivores, le décompte des morts engloutis à jamais dans les profondeurs de ces mers, ne sont plus que des faits divers dont personne ne s'émeut dans le monde.

On ne peut pas demander au Monde extérieur de s'émouvoir du sort de ces Africains alors que les dirigeants africains eux-mêmes s'en moquent. Ces fantoches chefs d'États africains, outre qu'ils ignorent les aspirations légitimes des peuples, les ridiculisent autant à l'étranger.

Il n'est pas rare de suivre aux écrans des reportages sur des représentations diplomatiques aux officiels oubliés et impayés, et contraints à troquer des passeports de leurs propres pays, voire de vendre des immeubles d'ambassades pour survivre !

Ce n'est pas une fiction, un des présumés responsable du génocide rwandais avait échappé à la Justice internationale pendant un quart de siècle en utilisant frauduleusement un passeport de la RD Congo, ici pays en exemple.

On peut continuer la narration en rappelant ces images des diplomates expulsés comme des voyous des résidences louées pour non paiements des loyers. Autant de clichés négatifs diffusés en boucle, et qui ont contribué à ternir négativement l'image de l'Africain Noirs dans le monde.

Le nanisme intellectuel des « Hommes Forts » africains, ces gants noirs sur des mains blanches, se double de leur totale irresponsabilité. Ces bougres, qui n'ont pas le sens de l'honneur, ne reconnaissent jamais leurs insuffisances, leurs erreurs, ni leurs fautes ; ils ne se remettent jamais en question. Comme des pilotes complètement fous, ils conduisent des peuples à des crash, en leur demandant de les applaudir dans leur entreprise suicidaire.

5. LOBBYS NÉO-COLONS

Il y a des colons retournés chez eux après les indépendances en Afrique, et qui y ont pignon sur rue ; ils s'y étaient constitués en « Sociétés Multinationales » avec des aides de leurs États. Ceux-là, et leurs descendants, ont continué de plus belle l'exploitation du continent par dictateurs africains interposés. Ces néo-colons connaissent très bien le continent pour y avoir longtemps séjourné, collecté des données, et liés des amitiés avec certains africains. Rebaptisés « Bailleurs des Fonds », ce sont eux qui financent des coups fourrés contre le continent dès que leurs intérêts sont menacés. Ces lobbys néo-colons sont très puissants, et pèsent lourd dans des décisions des gouvernements des pays étrangers envers l'Afrique. Ils infiltrent des politiciens, financent des partis politiques et, indirectement, orientent des décisions de leurs pays vis-à-vis des pays du continent.

Le deuxième groupe est celui des colons restés sur le continent après les indépendances. Ceux-là restent connectés aux premiers. Ils gardent leur comportement paternaliste, qui ne manque pas de rappeler les années cinquante, même s'ils ne portent plus le casque colonial. Civils ou religieux, ils vivent au chaud et au sec, retranchés dans des villas de luxe en Afrique. Habités par un satanique complexe de supériorité, ils s'emploient à marginaliser le Noir au quotidien. Même incompétents, ils voudront parler à la place d'érudits noirs. Toute initiative d'un Noir, qui ne passe par par eux, est étouffée ; il faut leur accord gentil pour qu'un Noir « réussisse ».

Ces néo-colons ne veulent jamais entendre parler de voyages de Noirs chez eux, encore moins de leurs spécialisations professionnelles. Systématiquement, ils répandent auprès des touristes et autres investisseurs Blancs, qui débarquent sur le continent, une mauvaise image du Noir et de l'Afrique. Ils entretiennent le « Mythe du Blanc ».

La peur de démystification les ronge, et les pousse à des comportements goguenards. Ils débitent des histoires mielleuses sur leurs pays à longueur de journées, enjolivent, et stimulent l'envie aux autochtones. Ces néo-colons ne se familiarisent que très peu avec des Noirs. Ils vivent en quasi retrait permanent ; rares sont des Blancs qui sortent prendre un verre avec des Africains. Seuls de jeunes Blancs décomplexés se trémoussent sur des pistes de danse avec des Noirs ; ils y excellent même en prouesse, bercés par des rythmes musicaux africains endiablés. Tout sourire et euphoriques, ils montrent à qui les regarde ceux qu'ils appellent leurs « frères ou sœurs » Noirs africains. Très émouvants et convaincants, ils se disent eux-mêmes « africains ». Mais, aux premiers crépitements des balles de déstabilisation dans le pays, ils se sauvent avec le premier avion venu expressément extraire les Blancs de la fournaise africaine. Et d'embarquer sans se retourner, sans un regard envers leurs frères et sœurs africains d'hier. Ceux-ci les verront passer aux écrans des grands médias de leurs lointains pays, en-train de se féliciter d'avoir échappé à des conflits tribaux entre des Noirs !

Et quand l'un ou l'autre de leurs frères ou sœurs africains d'hier débarquerait dans leurs pays, comme demandeur d'asile, ces néo-colons ne voudront plus le rencontrer ; ils changeront même de trottoirs, et regarderont ailleurs en les voyant approcher.

Nostalgiques des temps des colonies et de l'apartheid, les néo-colons sont de tout costume et de tout visage. Véritables loups dans la bergerie, ces Blancs-là asphyxient bien des talents en Afrique.

6. ÉGLISES ET SECTES

On note une flagrante relation entre la multiplication des sectes religieuses étrangères et des flambées des rebellions dans des pays d'Afrique. Des sectes religieuses précèdent systématiquement des conflits et guerres, et prospèrent encore plus au-delà !

C'est bien en Afrique qu'on récence le plus de prédicateurs que des fondateurs d'entreprises ! Et plus l'africain prie, plus il sombre dans la misère. S'il y a une marchandise qui rapporte gros sur le continent, c'est bien « Jésus ».

Prêtres et pasteurs prêchent pauvreté et résignation à des peuples affamés alors qu'eux-mêmes vivent dans l'abondance, mangent quatre fois par jour, festoient, et voyagent à volonté dans le monde.

Tous ces pasteurs sans autre travail, habillés comme des ministres, qui prêchent simplicité et pauvreté à des foules crédules, sont financièrement supportés par qui ? Qui paie pour leurs beaux costumes et factures des prêches radiotélévisées !

Ces soi-disant « Hommes de Dieu » incitent des foules à leur verser de l'aumône par menaces et chantages, « au nom du seigneur ». Il faut payer pour mériter le ciel ; plus on paie, meilleure sera sa place au paradis ! Et des pauvres gens sont abusés, et ils vont se dépouiller, donner le peu qu'il leur reste de précieux à des pasteurs escrocs : argent, bijoux ... jusqu'au dernier centime.

Envoutés, ces croyants crédules vont délaisser familles et travail ; on va les voir courir des rues, bibles en main, prêchant à tout passant « La Parole », comme ils disent. Complètement décérébrés, et déconnectés des réalités, ces pauvres gens n'ont plus une minute de réflexion ni sur eux-mêmes, ni sur le sort de leurs familles.

Et que dire des luttes d'influence entre « hommes de Dieu », en fonction de leurs races, tribus, ou régions d'origine ! C'est à qui mieux mieux que chacun s'attire des brebis, pour dire des croyants. Et de se jalouser, se disputer et, se haïr.

Ces pasteurs s'illustrent aussi par des tapages nocturnes, des nuisances sonores ! Ils clament avoir des visions et pouvoirs de faire des miracles ! Vrais gourous des sectes, ils cassent des ménages, et divisent des familles, accusant les uns de sorcelleries, d'autres d'être des obstacles au bonheur de leurs partenaires, ou frères, ou sœurs. Et de se servir dans le tas, violant des filles par ci, ou débauchant des épouses d'autrui par-là, « au nom de Dieu » !

Et que dire de tous les autres étrangers, des soi-disant religieux qui séjournent sans activité aucune en Afrique. Retranchés dans des villas, ils ignorent tout des habitants, ne parlent mot des langues de ceux-ci, mais prétendent être en place pour la « conversion des âmes africaines ». Pourquoi ces dits religieux étrangers ne restent-ils pas sur leurs continents, où il y a un manque flagrant de religieux ! Ce n'est certainement pas le fait du hasard, car des espions sont de tout costume en Afrique.

Et ces moults « Églises de réveil », ou plutôt « Églises de sommeil », qui semblent venir pour tuer les esprits, éteindre toute flamme de révolte. Elles s'acharnent à culpabiliser l'Homme noir, à l'aliéner, à le démotiver. Ces églises ne dénoncent jamais le mal infligé par des étrangers en Afrique ; elles demandent plutôt au noir africain de tendre la deuxième joue quand la première a été giflée. Et disent que cela ouvre les portes du paradis. Envoutés, des foules en allégresse obéissent.

La foi d'un peuple conditionne sa perception du Monde, et elle dicte pour beaucoup son comportement. L'aliénation mentale des peuples noirs, poussés à la négation d'eux-mêmes depuis des siècles, et relancée via des églises, fait de plus grands dégâts que les armes en Afrique. Églises et sectes font partie du système exploiteur du continent africain. Comme quoi les Puissances étrangères prédatrices ne lésinent pas sur les moyens.

7. ASSISTANCES « HUMANITAIRES »

Il est dit que le malheur des uns fait le bonheur des autres. Des pays, dits riches, envoient leurs trop plein de chômeurs, et autres délinquants, dans des pays pauvres, au motif affiché d'aides humanitaires. En réalité, c'est pour y consommer eux-mêmes, en salaires, des soi-disant aides qu'ils prétendent y affecter à coup de propagandes !

Des Organisations Non-Gouvernementales (ONG) ressemblent à des foutoirs à espions de tout acabit, et autres aventuriers incompétents !

Qu'il y ait quelques naïfs philanthropes en leur sein est indéniable, mais ceux-là ignorent des causes lugubres qu'ils servent.

Financées par le système qui exploite, ces organisations dites caritative, semblent avoir deux grandes missions en Afrique : semer l'illusion d'une empathie envers des peuples désespérés, et être les yeux et les oreilles des Puissances étrangères.

Ces ONG, dites humanitaires, avec leurs convois des véhicules 4x4 flambants neufs, aux sigles multicolores, sillonnent des axes routiers des villes africaines comme dans une démonstration de puissance, alors que rien de consistant ne se voit sur terrain. Avec elles, on assiste à des fréquents recyclages du personnel expatrié, comme si leur objectif était juste de satisfaire un maximum de leurs pour un tour en Afrique. Il apparait que les actions de ces organisations ne sont que superficielles, et pas faites pour durer. Elles n'ont donc rien d'altruiste.

Que des pauvres filles soient violées, matériel, vivres, médicaments détournés, par des intervenants étrangers, et les scandales seront tus par des grands médias, d'habitude loquaces quand il est question de zigouiller un leader nationaliste africain.

Crédules, des populations africaines qui en ont toujours tant espéré, finissent par avaler leurs illusions ; car, comme des touristes de guerres, ces ONG les quittent, emportant tout l'arsenal logistique soi-disant acheté pour l'Afrique. Et ces populations d'attendre de suivantes ONG.

8. ORGANISATIONS LOCALES

Insignifiantes, et à l'image des pays où elles sont implantées, des Organisations Non Gouvernementales africaines ne sont souvent que des satellites des grandes organisations non gouvernementales étrangères. Ces petites structures sont inscrites dans le jeu de dépendance financière totale par rapport à l'étranger, leurs budgets en dépendant à plus de 95%.

Même si une ONG locale a à sa tête un Africain, pour la vitrine, il y a toujours en arrière-plan un « néo-colon » : pasteur, prêtre...

Formés à la même école que des fantoches aux pouvoirs en Afrique, les noirs responsables d'ONG locales sont aussi corrompus que ceux-là. Ils brillent autant en népotisme, et détournements des fonds, comme des politiciens nègres. Des conseils d'administration de ces organisations locales ressemblent quasi toujours à de réunions des clans ; on y partage entre cousins la petite part du magot laissée par des experts étrangers, et ça s'arrête là.

Des conflits entre des fondateurs et non fondateurs sont réguliers dans ces structures ; les fondateurs se voulant propriétaires exclusifs des organisations : c'est « le mythe des Fondateurs ». Aussi intolérants que des dictateurs, ces fondateurs ne vont accepter aucune contradiction. Certains feront chanter leurs collaborateurs, voire des communautés entières, sûrs qu'ils sont de leurs soutiens à l'extérieur.

Ces organisations non gouvernementales locales s'éteignent toutes avec la fin des financements étrangers. Elles ne développent donc rien, et retardent aussi l'envol du continent. Ce sont des bluffs de mauvais goût.

Croire que de petites ONG Locales peuvent se substituer aux l'États est le résultat d'une illusion semée par des prédateurs. Nulle part ailleurs dans le monde, des obligations des États n'ont été financées par de petites organisations non-gouvernementales ; et faire croire le contraire aux africains, car naïfs, est une forfaiture.

III. MÉCANIQUE NÉOCOLONIALE DIABOLIQUE

1. AFFAMER

« Affamer les peuples, et ils seront à vos pieds », semble être l'adage des puissances étrangères en Afrique. La destruction des équilibres séculaires internes au continent, et le boycott continu contre celui-ci, en finesse ou dans la violence extrême, ont abouti à des désordres sans nom. Des campagnes désertées à cause de l'insécurité, le travail y étant rendu impossible pour la même cause, c'est la famine endémique qui s'est installée partout en Afrique.

Des peuples africains, sans plus de références existentielles, nagent en mer inconnue et sans horizons visibles. Ni traditionnels, ni modernes, ils sont perdus, vivent dans l'illusion et d'illusions ! Des jeunes, des familles, qui abandonnent leurs villages pour des villes, où rien ne les attend, sont voués aux misères. La désertion généralisée des zones rurales tue l'agriculture et l'élevage traditionnels. L'importation massive des produits agricoles étrangers sur des marchés africains, aura fini d'assommer des productions agricoles locales ; et cela a été planifié par des puissances étrangères.

En effet des produits agricoles importés en Afrique ont été subventionnés dans des pays riches ; ils sont donc moins chers. Leur présence massive sur le continent n'a fait qu'étouffer la production africaine, concurrence des prix oblige. Cela a automatiquement créé une dépendance suicidaire vis à vis des pays riches ! Le corolaire étant aussi la perte de devises monétaires liées à ces importations par des pays africains.

Devenus totalement dépendants, et donc punissables à merci. Les États africains sont comme des chiens tenus en laisse par l'étranger, car des puissances prédatrices peuvent les affamer à tout 'instant.

C'est exactement ce qui se passe en RD Congo,

ici pays en exemple. Toute sa riche partie orientale est volontairement affamée, car des peuples ne peuvent plus cultiver et produire dans des milieux ruraux déstabilisés. Cela pour les soumettre aux marchés des pays voisins à la solde des puissances étrangères ! D'interminables guerres asymétriques, entretenues par ces mêmes puissances étrangères via ces pays voisins, ont imposé la loi de la jungle dans une région à vocation agropastorale. Entassées comme des sardines, autour et dans des villes surpeuplées, des populations luttent pour la survie, et rien que pour la survie à l'Est de la RDCongo. Affamées, elles n'ont plus le temps de réfléchir, de s'organiser. Et L'ONU est là et le sait ; et l'ONU laisse faire depuis un quart de siècle !

2. TERRORISER

Des conflits sont intentionnellement attisés localement par des pays riches. Des armes et des munitions sont fournies à des forces antagonistes, des deux côtés, pour qu'il n'y ait ni vainqueurs ni vaincus ; car le chaos arrange les affaires. Et c'est l'institutionnalisation des guerres asymétriques, des affrontements meurtriers sans fin sur le continent africain, d'Alger au Cap De Bonne Espérance, et du Liberia à la Somalie. Des pays du continent sont tour à tour passés à la moulinette de la déstabilisation : Angola, Burundi, Centrafrique, Liberia, Libye, RD Congo-Kinshasa, Rwanda, Somalie, Soudan…

Ces guerres de harcèlements sont orchestrées par des puissances étrangères pour inquiéter, désorganiser, et pouvoir piller des richesses. Et pour qu'il y ait issue décisive en faveur de l'un ou l'autre des belligérants locaux, ce sont ces mêmes Puissances extérieures qui en décident. Elles utilisent alors l'ONU pour infliger des embargos militaires, économiques et autres, contre la partie sacrifiée, souvent le gouvernement légal.

Quant aux dégâts humains et matériels, occasionnés par ces guerres de prédation, personne n'en parlera plus à l'ONU. Ces crimes seront qualifiés de « dégâts liés à des affrontements tribaux », et la page sera tout simplement tournée. De cette façon, des pays, puisque riches des richesses d'autrui, peuvent s'arroger le droit de vie et de mort sur des peuples dans une totale impunité !

À l'analyse, la guerre qui avait conduit au génocide au Rwanda en 1994 répondait à un plan de déstabilisation de la richissime RD Congo voisine, ici pays en exemple. Cela avait été patent ; après une bien amère victoire, sanglante, au pays des mille collines, les envahisseurs du Rwanda n'avaient pas trainé ! Très vite, ils avaient fait le pont sur la RD Congo avec des moyens hors normes pour des simples rebelles dont le pays venait d'être totalement dévasté ! À quand le jugement des têtes pensantes, celles qui avaient planifié et financé l'invasion du Rwanda, et donc permis le génocide dans ce pays aux équilibres ethniques délicats en 1984 ? Des nouvelles guerres contre l'Afrique sont certainement déjà planifiées en en ce moment ; il y aura encore des millions de morts ; et pas d'enquêtes, ni de bilans ; et pas des sanctions contre les commanditaires ! Et la roue de l'infortune continuera à tourner de plus belle contre le destin d'un continent martyr.

3. CHASSER

Menacés et envahis par des hordes d'hommes armés, sans foi ni lois, venus de nulle part, des peuples autochtones, jusque-là tranquilles, seront contraints à fuir leurs espaces vitaux ancestraux séculaires. En errance, et confrontés à une nature hostile, des milliers d'entre-eux périront sans n'y rien comprendre. Des survivants, ces dénommés « Déplacés internes », seront entassés par l'ONU et des ONG dans des camps de fortune, véritables « camps de concentrations nouvelle formule ! Et comme si cela était d'avance programmé, des populations entières y seront parquées, comme du bétail en transhumance ! De voir ces camps de concentration se multiplier en Afrique, alors que cela n'avait jamais été vu dans l'Afrique ancestrale, ça laisse interrogateur.

D'autres « Déplacés Internes » iront se réfugier auprès des familles en villes, où ils feront gonfler des misères urbaines dans des faubourgs surpeuplés. Ils y vivront entassés dans des taudis, et dans une promiscuité toxique. Déracinés, ils finiront impliqués dans des conflits intertribaux, et l'insécurité sera à son comble dans des zones urbaines.

Hommes et femmes ainsi désarçonnés vont perdront leur âme dans cette errance. Au lieu de vaquer à des activités productives dans leurs terroirs, comme leurs ancêtres, des paysans déplacés seront réduits à la mendicité en villes où c'est le chacun pour soi. Et des tribalistes vicieux les manipuleront pour des conflits intercommunautaires, et le cycle complexe des violences s'installera dans des pays.

Des prédateurs auront tout prévu. En vue

d'occuper le terrain à leur avantage, ils vont chasser le maximum de citoyens influents des pays. Jeunes et intellectuels ambitieux, dégoutés par des situations misérables internes, seront poussés à l'exil. Ayant longtemps rêvé de vivre dans des « Pays des Droits de l'Homme », ils ne vont pas hésiter. Très optimistes, ils vont se lancer sur d'arides chemins de l'exil sans savoir ce qui les attend.

Chemin faisant, ces émigrés expérimenteront famines, mépris, et humiliations de toutes sortes. Beaucoup perdront la vie, et seront superficiellement enfouis sous terre aux bords des chemins par leurs homologues ; ou lestés dans des eaux, et abandonnés aux poissons des mers carnivores.

« Sans-papiers », leur nouveau statut aux pays de destination, ils seront à leur grande surprise contraints de vivre cachés, car illégaux et donc criminels selon des lois en place. Eux qui avaient une identité, et même un statut social élevé, en quittant leurs pays découvriront que les paradis des Droits de l'Homme ne sont que cauchemar et enfer pour eux. La peur et le stress seront leurs compagnons, car recherchés par des policiers armés jusqu'aux dents. Sans permis de travail, et diplômés ou pas, ils seront réduits à la mendicité. Dévalués à l'extrême, ils comprendront trop tard qu'ils n'ont plus de pays du tout, ni outre-mer, ni sur leur continent d'origine ! Leurs villages et leurs biens y auront changé de mains, accaparés par des milices armées. Ils découvriront alors qu'ils avaient été astucieusement déguerpis de chez eux afin de laisser la place libre aux prédateurs ! Condamnés à l'anonymat, et à l'inaction, ils mesureront la grandeur de leur exclusion totale de la marche de leur pays et du Monde. Ils comprendront, un peu trop tard, que les prédateurs sont impitoyables, et ne lésinent pas sur les moyens en vue de contrôler des territoires dont ils convoitent des richesses.

Des peuples, réduits en chaires à canons, sont de cette façon continuellement violentés et chassés de leurs terres par le billet des dictateurs installés en Afrique. Des vrais malfrats, les pays prédateurs préfèrent voler que payer !

4. ALIÉNER

Les Africains qui restent dans des pays déstabilisés, les plus nombreux, sont souvent des incultes ou des mal informés. Ils sont alors conditionnés à l'admiration du Blanc comme avant les indépendances. « Noir est laid, mauvais, et dangereux. » ; « Blanc est beau, bon, et parfait » ; la chanson néocolonialiste n'est pas différente de la chanson colonialiste raciste.

Ces Blancs qui vilipendent la couleur noire ne crachent pourtant pas sur du caviar noir, sur du café noir, sur du chocolat noir, ni sur des truffes noires... Et tous s'acharnent à garder noirs leurs cheveux qui virent au gris-blanc avec l'âge. Allez y comprendre quelque chose !

Dans les esprits tordus des Blancs, les Noirs ne devraient pas exister ; mais comme ils étaient là quand même, « ils devaient être ce qu'eux auraient décidé ». Ils s'étaient acharnés à les diaboliser, à s'attaquer à leurs langues, croyances, cultes des ancêtres, arts..., qu'ils qualifiaient de sataniques. Au même moment, ils pillaient statues, masques rituels, pointes d'ivoire..., pour leurs musées. Bizarrement, chez eux, ces patrimoines africains avaient cessé d'être sataniques !

Toutes ces tracasseries pour formater l'Humain Noir, effacer son être en lui-même, le changer en profondeur, et le dominer totalement. Tout sera alors falsifié : histoire, identité, fierté…au profit de la race dite supérieure. Par le verbe et les actions, les néo-colons « animalisent, chosifient » l'Humain Noir sur ses propres terres. Ils distillent des mots d'ordre, de ne jamais se mélanger aux Noirs, aux nouveaux Blancs venus en Afrique. Ces néo-colons leur conseillent des attitudes à adopter avec des Noirs, à savoir sanctions maximales, et rémunérations minimales au travail.

Ces comportements, héritages de l'Apartheid en Afrique du Sud, en Rhodésie, au Congo Belge et

Rwanda- Burundi..., nuisent toujours au continent. Des Blancs choisissent de vivre en ghettos pour maintenir le mythe de leur fictive supériorité blanche. La couleur de peau est leur critère de compétence par excellence.

Moins un candidat est pigmenté, plus il est intelligent, et peut prétendre occuper un poste de responsabilité. Des simples petites dames et messieurs, sans aucun diplôme, sont couramment hissés au-dessus des Noirs instruits, parce que seulement « Blancs » ; et dire qu'on est au 21ème siècle !

Grassement payés, ces privilégiés du système vont laisser faire tout le travail par des Noirs compétents. Ceux des ONG passeront l'essentiel de leur temps à fêter dans des hôtels de luxe et, pour des plus gradés, sur des plages océaniques de Mombasa en Tanzanie, ou ailleurs sur le continent en compagnie de filles et garçons de joie. De retour de vadrouilles, ils s'attribueront devant la presse locale et internationale les mérites du travail effectué. Et leurs seuls noms figureront en gras sur les entêtes des rapports d'activités officiels destinés à des bailleurs des fonds !

E répétant aux Africains les mots « bailleurs de fonds, aides… » à longueur de journées, des peuples avaient fini de se convaincre que leur Afrique ne valait rien, que tout était chez les Blancs ; et d'en rêver. Beaucoup ne juraient plus que de « ressembler » aux Blancs ; et des femmes de se ruer sur des cosmétiques blanchissants, et des intellectuels d'adopter un parler maniéré pour faire « White ». L'ultime projet de vie de beaucoup n'ayant plus été que d'émigrer ; le piège avait fonctionné !

Des vagues migratoires africaines contemporaines vers le Nord tirent leur origine non pas seulement des misères sur le continent, mais aussi du miroitement que les néo-colons ont fait de leurs pays d'origine. Comme quoi, la Nature a horreur du vide. Quel qu'il soit, l'Homme recherchera ce qu'il n'a pas.

5. INTERDIRE

Des africains – hommes d'affaires, chercheurs, journalistes - doivent se couper en quatre, et pendant des mois, pour obtenir des visas de voyages à destination des pays riches, érigés en sanctuaires contre des Noirs particulièrement ! Dans un monde dit mondialisé, la circulation africaine est ainsi délibérément limitée au minimum ; seules des richesses du continent voyagent d'Afrique vers l'étranger sans visas.

Qu'ils aient des comptes bancaires alimentés, des documents en ordre, un état de santé sans reproche…, des Noirs africains sont ralentis ou carrément bloqués dans leurs déplacements. À contrario, de simples étudiants, petits fonctionnaires, et autres pensionnés, sans garantie bancaire en Afrique, obtiennent des visas de voyages à destination du continent sans entraves, et en des temps records, parce que Blancs.

Il en est de même des transferts d'argent vers l'Afrique ! Ceux-ci sont minimalisés au prétexte d'empêcher le financement du terrorisme, et l'achat des armes dans des zones « en guerres tribales ». Quand l'on sait que des armes qui crépitent en Afrique viennent des usines des pays riches, qui refusent des transferts de capitaux vers le continent, on croit rêver.

Comme des serpents constricteurs, certains pays capitalistes prédateurs asphyxient l'Afrique, et la mettent à leur totale merci. Le continent a du mal à se débattre, il étouffe avec ses peuples.

À se demander de quel homme on parle, lorsque évoque les « Droits de l'Homme » sur Terre ; du Blanc ?

6. ASPHYXIER

Des prédateurs étrangers finalisent leurs agendas cachés par des stratégies de domination en terres conquises africaines. Ils étranglent carrément des États, à l'instar de la mafia sicilienne avec des secteurs entiers de l'économie dans l'Italie du vingtième siècle.

Concepts, définitions, processus, schémas…tout

a été imposé à l'Afrique. Les seules références suivies par des États africains sont celles des prédateurs, et ce, à tous les niveaux. Consacrées en dogmes intouchables, les références étrangères se sont imposées aux « Afriques » ; celles-ci ne pouvant se définir par elles-mêmes dans l'état actuel des relations avec des pays riches.

Des dirigeants Noirs, obligés se plier à des règles de jeux conçus pour le bonheur des autres, et confrontés à des colères intestines, ont toujours préféré se plier, collaborer, pour garder leurs postes. Acculés, ils signent tout : contrat léonins, acceptation des crédits à des taux exorbitants, prise en charge d'énormes salaires des soi-disant experts étrangers, bradage des matières premières africaines, vendues non pas au plus offrant sur le marché mondial, mais aux seuls prédateurs, et à des prix fixés par eux ; obligation de commander équipements et pièces de rechanges auprès des seuls prédateurs, même s'il y a moins cher sur le marché….

Dans des conditions aussi ruineuses, et imposées, où des taux d'intérêts dépassent l'endettement, où des remboursements deviennent impossibles, l'économique des États africains ne pouvait que s'effondrer dans la durée. Et la situation va se pérenniser s'il n'y a pas de contre-action.

Des pouvoirs politiques africains, coincés à l'extérieur, et menacés de l'intérieur, ne trouvent pas mieux que de se compromettre pour assurer leurs survies. C'est la genèse des corruptions des pouvoirs, et des dictatures en Afrique. Les corrupteurs sont connus, mais personne ne les pointe du doigts ; seuls les corrompus sont stigmatisés en Afrique et avec tous les Africains.

7. CONCENTRER

Pousser des populations d'origines diverses à de mélanges conflictuels dans des camps dits des réfugiés, pour ne pas dire des « camps de concentrations », avec la certitude d'y générer des conflits dans une promiscuité toxique qui y règne, et à la belle étoile, est aussi dans l'art des prédateurs en Afrique. Des populations, parfois antagonistes, obligés de se côtoyer dans ces camps, dits des « déplacés » (déplacés par qui ?), doivent se toiser jusqu'à la limite de l'acceptable pour en finir aux mains ; et d'être des facteurs supplémentaires d'insécurité dans de mêmes camps ouverts pour soi-disant la sécurité des civils. Une telle confusion réalisée à l'échelle d'une région ou d'un pays est propice aux affaires. Des populations qui auront tout perdu, et qui ne dépendront plus que de « l'aide » des prédateurs, n'auront plus le temps de réfléchir sur ce qui se passe chez eux ; et le champ sera libre pour des pillages des richesses des pays déstabilisés. Il s'agit, ni plus ni moins, de situations de gangstérismes étrangers racistes, et de crimes contre la dignité humaine en Afrique.

8. EXPLOITER

Les échanges commerciaux ancestraux étaient basés sur du troc en Afrique. Avec l'invasion étrangère, ce système avait été remplacé par la monnaie. Conçue comme représentative de du bien réel, la monnaie devait faciliter des transactions d'objets peu déplaçables ou lointains sur base de la confiance. En soi, une monnaie n'a pas de valeur, c'est la confiance qui lui en donne une (d'où cette appellation de « fiduciaire »).

En pratique, la valeur d'une monnaie est fonction des réserves d'or, et autres matières précieuses, dans la banque centrale du pays. Si la trouvaille était généreuse, la pratique s'était vite avérée nocives ; car l'Homme est égoïste, fondamentalement malhonnête.

Des pays jusque-là pauvres comme d'autres, mais dotés de technologies avancées pour produire les monnaies, n'avaient pas trouvé mieux que d'abuser de la confiance des autres pour s'amasser des richesses. Fort de leur monopole de fabrications des monnaies, ils avaient tourné hors contrôle la planche à billets, et avaient faussement gonflé leurs capacités de paiements. Les biens réels, les richesses, étaient échangés contre des symboles à valeurs fictives. Dans cet élan, des tricheurs avaient inventé la « Devise Monétaire » pour que la monnaie fictive sublime des richesses réelles. Malicieux, ils s'étaient carrément servis à la pelle, gratuitement et massivement, des richesses des autres, et étaient devenus riches. Devant le fait accompli, les pays appauvris s'étaient mis à courir derrière les « Devises » qui, pour avoir de la valeur, sont clairement appelées « Devises étrangères ». Ça dit tout.

Dans ce système, un petit noyau de pays pauvres était devenu riche, créditeur, et la majorité des pays du Monde débitrice ; et le tour était joué ! Il s'agit de la plus grande escroquerie de l'Histoire de l'Humanité, qui explique la pérenne abondance des uns et la disette éternelle des autres sur Terre !

Magiques et omnipotentes, les « Devises étrangères », devenues sine qua non dans les transactions internationales, permettent de tout s'offrir à vil prix.

Qu'il y ait crise économique, des pays dits riches imprimeront abondamment leurs monnaies, au-delà de leurs réelles réserves en or, et vont les échanger contre des richesses d'autrui. Ils épongeront leurs déficits sans frais, et le tour sera joué ! In fine, ce sont des pays pauvres qui payent les factures des pays dits riches. Ce diktat rançonneur d'un noyau des pays dits développés, sur une Afrique naïve et analphabète, est un crime économique responsable des misères en Afrique.

Et quand bien même des pays africains auraient leurs propres monnaies, que celles-ci seront systématiquement sabotées, noyautées par des faux, et dévaluées par rapport aux fameuses « Devises étrangères ». Feu le président Gadhafi qui avait osé annoncer à grands bruits l'émission d'une « Monnaie Africaine » l'a payé de sa vie, « au nom de la Démocratie et des Droits de l'Homme », avait-on prétendu ! Son assassinat avait été orchestré par le pays de la Révolution française avec l'accord de l'ONU, et d'autres puissances prédatrices. Comme quoi, il faut rester discret et bousculer le système par surprise.

Actuellement le symbole (les monnaies) pèse plus qu'il ne représente et vole des richesses réelles d'autrui. C'est le secret le mieux gardé de la Finance dite internationale, pour dire des pays riches. Il ne figure pas et ne figurera jamais dans des traités d'Économie et de Finances, ni dans des manuels d'enseignements.

C'est dire que le monde fonctionne à l'envers !

Par des astuces et de simples jeux d'écritures, quelques pays dictent et conditionnent des destins des nombreux peuples, les appauvrissant et s'enrichissant sur leurs dos.

9. EXPÉRIMENTER

Il y a eu des docteurs Joseph Mengele dans l'Histoire de l'Humanité ; et il y en a toujours. Des savants fous, en mal de succès scientifiques, ne rêvent plus que de l'Afrique comme cobaye pour la réalisation de leurs fantasmes étouffés. L'Afrique reste le seul endroit au monde où des étrangers peuvent encore s'adonner à des expérimentations médicales sur des habitants sans leur accord ni des poursuites judiciaires. Tout cela à cause des dictateurs à gestion monolithique du pouvoir, qui ne comprennent rien sur ce qui se passe dans le Monde. Ils permettent à des aventuriers de débarquer sur le continent, via des organisations non gouvernementales à masques charitables, et celles-ci de s'adonner à des « soins » sur des habitants sans contrôle aucun. Et des pseudo-médecins vont s'adonner à des essais thérapeutiques inédits, à des essais pharmacologiques, toxicologiques, vaccinologiques..., sans consentements éclairés préalable des populations. Des pays prédateurs n'envoient jamais leurs meilleurs en Afrique.

Cobayes humains depuis leur rencontre avec le Blanc, les africains continuent à être victimes d'énergumènes plus ou moins louches qui défilent allègrement sur le continent, ou y vivent. On peut évoquer le Docteur Basson Wouter, un raciste génocidaire, dont le programme de recherches scientifiques visait l'extermination des Noirs en Afrique du Sud. D'autres Blancs, des repentis, n'ont-ils pas dévoilé des plans machiavéliques semblables, dans lesquels ils avaient été impliqués eux-mêmes pour exterminer la race noire : production des microbes et virus virulents, inoculation du virus du Sida à la place des vaccins à des femmes enceintes... ! Et un auteur controversé n'avait-il pas avancé que le virus du Sida était un produit de laboratoire expérimenté au Congo Belge dans les années cinquante !

Début 1995, le Kenya n'avait-il pas découvert une cargaison de lait irradié dans ses ports, et destinée à des déplacés de guerre ! N'est-il pas connu que la cigarette produite à destination de l'Afrique est plus concentrée en nicotine que celle distribué dans des pays riches producteur !

Une véritable guerre sans merci est en cours contre l'Humain Noir d'Afrique. Ce dernier ne doit jamais oublier la déclaration du président Sékou Touré devant le président De Gaulle : « Mieux vivre pauvre dans la dignité qu'indigne dans l'opulence ».

Savoir refuser des aides étrangères, savoir accepter des sacrifices, et se battre pour soi-même et par soi-même, pourrait encore sauver des vies en Afrique.

10. INTOXIQUER

Et que dire de l'Afrique poubelle ! Pour des industriels d'outremer, le continent africain est le dépotoir idéal de leurs déchets. Tout y est débarqué : vieilles automobiles, vieux appareils informatiques, vieilles armes, déchets chimiques, et même radioactifs... Des industriels utilisent des produits toxiques à l'homme et à l'environnement, comme le mercure, dans des mines. Et du matin au soir, ils chantent « Investisseurs, Investisseurs » sans qu'on ne voit jamais de changements.

Depuis que beaucoup « investissent » en Afrique, aucun pays ne s'est développé. Et leurs des soi-disant investissements ne laisse à l'Afrique que des sols et des eaux polluées, des populations intoxiquées aux métaux lourds, et un environnement dégradé à long terme. À se demander si le continent ne devrait pas arrêter l'exploitation et l'exportation de ses minerais. Car L'Afrique n'a pas vocation à être la mamelle de toutes les usines du monde.

Poubelle sur terre, poubelle en mer ! N'ayant que peu ou pas de contrôle de ses côtes et zones maritimes, faute de moyens, l'Afrique est encore le déversoir idéal de tous les déchets indésirables partout ailleurs. Des bateaux géants qui passent et repassent, jour et nuit, ne manquent pas d'y déverser des déchets interdits ailleurs. Il n'est pas rare de voir diffuser des images de de pêcheurs africains atteints d'affections mystérieuses après séjours en haute mer : troubles respiratoires, hémorragies conjonctivales, brulures de peau… ! Et des soi-disant experts de venir des mêmes pays pollueurs pour étudier le phénomène et aider ! Quelle ironie.

Et tous ces pesticides, et autres OGM, qui envahissent le continent ! Des pesticides, Chlordécone, organophosphates…, interdits en Haïti, ne s'étaient-ils pas retrouvés dans certains pays d'Afrique ensuite ! Quand l'on connait leurs toxicités, et les dégâts qu'ils ont provoqués (Cancers de prostate, Diabète de type 2,

Atteintes neurologiques…), l'on peut se demander si les soi-disant bienfaiteurs et savants étrangers qui se pointent sur le continent veulent vraiment du bien à l'Afrique ! Pour des victimes, il n'y aura jamais de procès sérieux, et des indemnisations ; des procédures seront trainées en longueur dans les pays prédateurs, et les dossiers se termineront par des non-lieux. Et pour cause ? Prescriptions des faits ! Quant aux pollutions et intoxications, elles continueront leurs effets pour des décennies encore !

Impuissantes, des populations africaines subissent toutes ces affres, car trahies par des pseudo-dirigeants corrompus, des simples couvercles noirs sur des crimes Blancs.

Ces pouvoirs monolithiques africains, centralisés à outrance, et au service de l'étranger, sont des poisons utilisés par des pays prédateurs étrangers contre l'Afrique.

IV.   LA PYRAMIDE DU SCANDALE

Le monde fonctionne à coups de scandales et de crimes atroces, malgré les bons discours et bonnes résolutions des instances internationales. De simples humains, bipèdes parmi des bipèdes, s'étaient, dans la nuit des temps, convaincus d'être génétiquement et intellectuellement d'office supérieurs à d'autres humains. Et ils s'étaient arrogés tous les droits sur tous les autres : droit d'humilier, de martyriser, d'exploiter, de tuer… Comme si eux-mêmes n'étaient pas de simples éléments mortels d'une Nature souveraine, multiforme et multicolore, ces Blancs racistes avaient décidé de vivre en contradiction avec celle-ci en reniant des faits de la création. Egocentriques, ils avaient choisi de déformer les réalités de la Nature humaine à leur avantage ; et de faire de leurs mensonges des vérités imposables à tous. Et toute cette folie dans le seul but de dominer et d'exploiter les autres. Si le biblique Caen a réellement existé, ils en sont certainement des descendants.

Des peuples, et toujours les mêmes dans ce Monde, continuent à payer un prix humain fort à cause de leur sadisme qui répand partout des guerres par procuration, et du sang par torrents, surtout en Afrique. Le scandale est permanent, le scandale a des racines profondes, très profondes.

1. LE LEURRE

Il faut distraire le gibier pour pouvoir mieux l'abattre. Le mot « Démocratie » est sans nul doute « le leurre du siècle » ! Il endort des peuples sous exploitation, lesquels, excités, vont se dépenser en des palabres sans fin. Ce mot évoqué à tout bout de champs est le nouveau passe-partout, le leurre, qui permet d'entrer et sortir d'un continent sans être interrogé. Il a remplacé la traite négrière, le colonialisme..., qui tous avaient été là aussi pour soi-disant le bonheur du monde.

Qu'à cause de leurs crédulité et pacifisme, des peuples entiers soient massacrés par des pays vicieux, à cause des richesses de leurs sols et sous-sols, est-on ne peut plus intolérable. Et la « Politique des deux poids deux mesures », au gré des appétits insatiables de certains pays, est un scandale.

Des vies humaines n'ont plus d'importance, et des génocides sont religieusement occultés en défaveur des peuples victimes, au nom de la « Démocratie ».

Des pays dits riches décrètent ce qui est Vrai et Faux, quelle que soit la réalité ; un évènement non filmé n'aura pas existé, par exemple ! Et des puissants médias de cacher systématiquement sons et images des zones martyrisées. Confrontés à des rumeurs véridiques, ils utilisent leur formule consacrée : « Il n'y a pas de preuves » !

Ces genres de raccourcis criminels s'entendent dans des reportages toujours sélectifs et subjectifs. Des interviews à sens unique, en faveur de petites mains sanguinaires africaines, sont diffusés en boucle pour répandre le mensonge hégémonique dans des zones déstabilisées.

Le continent africain, dont le pêché est la naïveté populaire, la cupidité des dirigeants, et la non maitrise des armes lourdes, continue à payer très cher le diktat de malhonnêtes et criminelles puissances extérieures surarmées.

2. INGÉRENCES ETRANGERES

Si des dictateurs prospèrent sur le continent, et des régions entières d'en baver en Afrique, c'est à cause des soutiens clairs et occultes, qu'ils reçoivent des pays riches, qui font semblant de les dénoncer le jour, pour les soutenir la nuit. Des pays riches, prédateurs, ne font jamais ce qu'ils disent car, dans des alliances de coffres-forts et des kalachnikovs, ils soutiennent ces dictateurs africains sanguinaires, leurs hommes à tout faire sur le continent.

Qu'un pauvre malheureux africain, hier réfugié dans un camp de réfugiés, ou vivant de l'aide sociale à l'Étranger, qu'un simple paysan d'un village perdu..., se retrouvent du jour au lendemain à la tête des hordes armées, militairement suréquipées, mieux que l'armée de leur propre État, est-on ne peut plus éloquent. Quand l'on sait des grands moyens financiers qu'il faut réunir pour acheter des armes, des obstacles qu'il faut franchir pour les importer en Afrique, et des appuis qu'il faut pour les mettre entre les mains des malfrats…, il y a de quoi s'étonner, et s'interroger, sur les vrais maitres des rébellions qui écument le continent.

Bizarrement, des trafics d'armes, partant des pays producteurs vers l'Afrique, ne font jamais débats au niveau international ; c'est un sujet secondaire, dont l'ONU ne se préoccupe que très peu.

Des médias étrangers plébiscitent alors des bandits armés, appelés par eux « hommes forts », disant que ces dictateurs garantissent une stabilité en Afrique. Stabilité pour qui ?

Esclaves des palais, les dictateurs, pions imposés dans le sang, sont des protégés des maitres étrangers. Ce sont eux qui autorisent les pires forfaits d'étrangers sur leur propre continent. Ils sont prompts à envoyer des messages de sympathie à des pays lointains, frappés par des calamités mineures, alors qu'ils ne manifestent aucune émotion quand des sinistres, de loin majeurs, surviennent dans leurs propres pays. Et des peuples d'être martyrisés par ceux qui cyniquement déclarent que « l'Afrique a raté la marche du Monde ; qu'elle n'est jamais entrée dans l'Histoire " ; autant prétendre qu'un enchainé aux jambes gagnerait une course de fond !

Comment comprendre que tous les grands pays stratégiques d'Afrique, qui devraient servir de moteurs au continent, aient été systématiquement et successivement déstabilisés ! Ce n'est certainement pas le fait du hasard.

Il se déroule un subtil jeu de dupes, où l'immobilisme est intentionnellement imposé au continent africain pour étouffer dans l'œuf l'idée même de l'érection de grands marchés au sein du continent.

Des africains corrompus, sociopathes, des psychopathes, et autres escrocs criminels, sont imposés à des peuples dans la durée. Et leurs âges avancés ne constituent plus un crédit de sagesse comme à l'époque ancestrale. On peut même affirmer, sans risque de se tromper, que plus ils sont âgés, plus ils sont maléfiques. Et quand ils se targuent d'avoir de « l'expérience », c'est pour signifier qu'ils s'y connaissent en matière de nuisances, pour avoir trempé, et pendant longtemps, dans des magouilles qui ont ruiné leurs pays.

Les chantres de la « Démocratie et des Droits de l'Homme » dans le Monde n'hésitent pas à pousser des dirigeants africains aux « dénis de Justice », lorsque l'un de leurs ressortissants est aux arrêts en Afrique pour crime. C'est un branle-bas de combat des chancelleries pour sa libération, pour son transfert vers son pays natal où des emprisonnements seraient plus humains !

Il n'y a qu'en Afrique que ce genre d'exigence est encore possible.

De ce fait, beaucoup d'étrangers se moquent totalement des scandales qu'ils peuvent faire sur un continent, sachant que des arrangements avec des dictateurs les blanchiront.

Il existe même des accords de coopérations militaires où des États africains, dits souverains, avalisent des clauses d'immunités totales pour des crimes que commettraient des soldats étrangers chez eux, que ces soldats violent ou qu'ils assassinent. Est-ce là le bon modèle de coopérations en faveur des Droits de l'Homme ?

Le continent africain est systématiquement dévié de sa trajectoire naturelle, par imposition des faux dirigeants, incompétents ou malades psychiques, pour des pillages légalisés en faveur des certaines puissances étrangères criminelles.

3. INSTITUTIONS PANAFRICAINES

Institutions ou organisations panafricaines, et régionales, brillent par leur immobilisme, mieux leur complicité face à des crimes qui sont perpétrés par certains pays dits riches sur le continent ! Toutes courent derrière des évènements. Soit, elles se taisent face à l'absurde ; soit, elles organisent des sommets tardifs, dont des conclusions surréalistes sont toujours les mêmes face à des faits graves : « dialogue, réconciliation, partage du pouvoir » ! Ces institutions africaines ne parlent jamais des victimes, ni de leurs indemnisations, jamais de Justice. Et « Réconciliation » rime avec oubli des crimes et des victimes, et partage du gâteau entre des belligérants. Ce faisant, ces institutions africaines octroient des primes aux criminels, elles qui sont censées défendre et protéger la légalité sur le continent.

On comprend bien cette légèreté, vu que la

grande part de leurs budgets vient des pays prédateurs du continent ; le ridicule ne tue pas.

C'est dire que des organisations panafricaines, et régionales africaines, sont comme les États ; elles ne servent actuellement à rien, car prises dans la toile serrée des prédateurs impitoyables.

4. ÉGALITÉS ET ILLÉGALITÉS

Dans des conférences, dites de paix en Afrique, l'illégalité siège au même titre que la légalité ; les deux sont placées au même plan par la Communauté Internationale. De cette façon, aucun dossier criminel n'est jamais abordé, et des prédateurs jamais inquiétés. C'est l'Histoire qui se répète.

Les crimes liés à l'esclavage, aux colonisations, ceux de l'apartheid, des guerres des indépendances, des mercenaires sur le continent, et des pillages sauvages (minerais du sang) n'ont jamais connu un début de Justice.

En même temps, la même Communauté dite Internationale demande aux africains de commémorer des génocides commis ailleurs, et par d'autres !

La « Politique de peaux de banane » sur le chemin du continent africain est systématique.

Certaines puissances étrangères placent intentionnellement « le Faux » et le Vrai », « l'Illégal le Légal », au même plan en Afrique. Qui pourrait imaginer Ben Laden à la même table qu'un président américain ou européen ! C'est se qui se fait régulièrement en Afrique par ordre de la Communauté dite Internationale, l'ONU.

Nombreux conflits, liés à des revendications territoriales fantaisistes, ont été enregistrés en Afrique. Mais l'ONU, qui dispose de toutes les cartes géographiques, historiques et précises, de chaque État souverain, n'a jamais levé la voix pour arrêter des escalades. Des situations conflictuelles ont dégénéré en guerres, alors que la Communauté dite Internationale dispose des archives, avec des croquis, des délimitations des frontières, des éléments démographiques et ethnologiques... Jamais l'ONU ne s'est opposée à des faux au nom de la Justice Internationale, et du respect des États dans leurs limites légales, comme si elle faisait partie des complots. Des bandits à mains armées, soutenus par certaines puissances extérieures, ne manquent pas d'experts et d'avocats pour imposer le Faux sur le Vrai en Afrique.

Quant aux organisations panafricaines, dont l'UA, ces bénis oui oui, avalisent des forfaits ainsi concoctés, et consacrent des victoires de l'illégalité sur la légalité dans des régions et États souverains.

Cette situation vécue par la RD Congo, ici pays en exemple, avait été illustrée dans la Conférence de Sun-City, dite de paix, en Afrique du Sud. Ce sont des criminels sanguinaires, dont des étrangers des pays voisins, qui y furent récompensés au détriment des vrais intérêts du peuple congolais.

La Communauté dite internationale semble seulement pousser l'Afrique à se faire harakiri ! Comme quoi, le fameux « révolver de Frantz

Fanon » ne tire que sur les propres pieds du continent.

5.   NÉGATION DES ASPIRATIONS AFRICAINES

On ne parle jamais de " l'Opinion Publique Africaine ". Comme si les Africains étaient des anonymes, sans pensées, ni aspirations, pas différents des animaux sur Terre ! Des grands médias, qui crient « Démocratie » du matin au soir, ne font jamais d'enquêtes d'opinions en Afrique.

C'est d'un revers de main que ces médias évacuent, ci ou là, des réclamations explicites des peuples au profit du Capital. Dans ce contexte d'injustice systémique, des villages africains séculaires sont de plus en plus rasés de la carte au profit des multinationales ; des populations entières sont brutalement chassées de leurs terroirs séculaires, et jetés dehors comme des déchets. Personne ne demande leur avis dans ces expropriations des terres sans contrepartie, qui se déroulent dans la corruption des dirigeants, et un silence sidérant des Institutions régionales africaines. Et l'exploitation des terres terminée, des peuples expulsés reviendront chez eux pour vivre dans des paysages dévastés, des sols et rivières polluées par des produits chimiques ; des nouveau-nés souffriront des malformations, leurs parents périront des cancers et d'autres graves maladies.

En RD Congo, ici pays en exemple, des crimes flagrants se commettent chaque jour, en présence de l'ONU ; ils sont dénoncés par des Congolais, loquaces et revendicateurs de nature, mais rien ne change, personne n'en débat à l'international. Que des délits soient commis par des Casques bleues de l'ONU, par des pays voisins, par des milices armées étrangères…, jamais on n'entend des Congolais interviewés par des grands médias ! Par contre, la parole est donnée aux représentants des criminels, souvent à l'étranger, dans des pays prédateurs.

Bilan fait, il appert que certaines puissances étrangères ont juré d'effacer les peuples d'Afrique de la carte du Monde pour se l'approprier.

V. CONTRAINTES A LA LIBÉRATION DE L'AFRIQUE

Comment se sortir de l'étreinte du boa constricteur que sont les pays prédateurs du continent africain ! Déstabilisés à dessein depuis des siècles, les pays africains sont condamnés à se cotiser, et à se mobiliser, à partir de leurs bases (Tribus, États fédérés…), pour contrer ces vagues ravageuses continues qui mènent à un anéantissement programmé du continent.

Les États doivent, malgré leurs ancrages dans une misère structurelle imposée, se battre pour leur survie et leur dignité.

Arriver à placer des hommes qu'il faut à tous les postes au sein des États doit être l'objectif primordial. Car cela permettra de mener la bataille d'une vraie indépendance, celle qui manque au continent : l'indépendance économique.

La tâche est énorme et les obstacles ardus.

On le sait, les Africains talentueux sont soit morts assassinés et enterrés, soit en prison, soit en exil. Le système prédateur s'applique à éliminer de façon insidieuse, ou violente, tout qui gêne sa main mise sur l'Afrique, à savoir les jeunes, les intellectuels, des leaders politiques nationalistes. Tout se passe comme si une main invisible poussait ces derniers hors-jeux, le plus loin des enjeux qui concernent les destins de leurs pays. Remplacés par des médiocres, ces forces vives vont assister impuissants, et de loin, à des dégringolades de leurs pays ! Des incompétents intrinsèques placés, sans morale aucune, ne feront qu'appliquer les ordres des prédateurs. Le fait d'occuper un poste de pouvoir ne confère pas à la personne une intelligence, une compétence, ni une moralité, qu'elle n'avait pas avant. Et ce qui devait arriver d'arriver en Afrique : mauvaise gouvernance, brutalités contre des peuples, signature des contrats ruineux pour l'Afrique.

La marmite africaine bout ; des très chaudes vapeurs accumulées depuis des décennies vrombissent. Elles commencent même à s'en échapper : vagues des déplacés internes, émigrations massives des jeunes vers des pays prédateurs, attaques des symboles du capitalisme colonialiste, kidnappings d'étrangers…C'est dire qu'il est temps de lever le couvercle des misères africaines avant que tout explose.

1. LE « NOUS » TRIBAL

L'Afrique est tribale du Nord Au Sud, et de l'Est à l'Ouest. Même dans la même ethnie, « La Tribu » reste la référence du plus grand nombre. Le « Nous » tribal » est partout dominant sur le continent.

Comme les colonisations, les systèmes dictatoriaux, à « gestions verticales », qui avaient succédé, avaient poussés des populations à se mélanger sans tenir compte de cette réalité, et sans précaution aucune, au nom des soi-disant « Unités Nationales ». C'est l'échec !

Dans ces mélimélos anarchiques, des populations vertueuses se retrouvaient à cohabiter avec des épicuriennes, des peuples travailleurs avec d'oisifs, des nomades avec des sédentaires…, loin de chez eux, dans une totale incompréhension. Même des communautés antagonistes étaient forcées d'évoluer ensemble dans une méfiance dysharmonique, conflictogène.

Cette façon de faire correspondait à une vision vétérinaire des racistes étrangers, les conseillers des dictateurs, pour qui tous les Noirs sont pareils. On peut selon ses besoins les diviser, les disperser, les déplacer, ou les regrouper à sa guise, comme l'on ferait du bétail. La réalité est toute autre, et l'histoire des conflits tribaux l'a prouvé.

Comme pour d'autres races et peuples sur Terre, les Noirs sont très différents entre eux. Il existe des spécificités tribales et régionales, nonobstant leur couleur commune de peau. Et ces spécificités qui sont historiques, socioculturelles…, fondent leur « Tribalité ».

Ce néologisme, « tribalité » pourrait être défini comme étant « un très profond et spontané sentiment de faire un avec quelqu'un à tout prix, et en toutes circonstances, de se sentir parent avec lui, puisque de même groupe ou de groupe ethnique ou tribal apparenté ».

Ce « Nous » tribal un sentiment qui a la peau dure en beaucoup d'Africains, paysans comme intellectuels ; il nourrit des tribalismes.

« La Tribalité », à ne pas confondre avec le Tribalisme, est un facteur qui a systématiquement été évacué des débats par tous les dictateurs africains en folie de grandeurs ; car elle menaçait leurs pouvoirs monolithiques. Et cela a abouti à des confusions populaires, des conflits intertribaux récurrents, voire des guerres. Avoir voulu découdre des tissus sociaux séculaires, diluer des groupes humains au sein des États au profit des pouvoirs personnels aura été une erreur qui a lourdement contribué au retard économique de l'Afrique.

Des habitants qui ne se rencontrent pas, qui s'ignorent, qui ne communiquent pas…, ne peuvent fusionner spontanément, ni par la force d'un quelconque dictateur. Au moindre problème, chaque individu ira se placer derrière son bouclier tribal ; ce qu'aucun État ne saurait contrôler !

La logique féodale, par exemple, est contraire à la logique démocratique ; mélanger les deux, et le résultat sera nul. Un chef de tribu voudra interférer avec le fonctionnement moderne de l'État ; ce que des citoyens issus d'autres cultures n'accepteront pas. Et se pose la question de savoir comment se libérer de cette contrainte.

Chaque groupe tribal doit donc pondérer ses appétits au profit de « l'intérêt national commun ». S'il est normal d'accepter la « Tribalité » de chacun, il n'est pas possible de tolérer le tribalisme.

Dans des climats d'hostilités latentes entre concitoyens d'origines différentes, ce sont des caïds sans état d'âme qui vite se mettent en valeur « au nom de la tribu ». Et certaines puissances étrangères de les soutenir, et de les pousser à s'attaquer à leurs propres pays, ou aux pays voisins, « au nom de leur seule tribu ou ethnie ».

Beaucoup utilisent la nationalité et l'espace étatique communs pour seulement se servir eux, et leurs tribus d'origine, sur le dos de tous les autres. Ils vont, au faux prétexte de « lutte pour la Démocratie et la Défense des Minorités », provoquer des guerres dans des terroirs d'autrui, histoire de ne pas occasionner des dégâts dans les leurs d'origine. Tant qu'il n'y a pas de casses dans leurs tribus, ce n'est pas leur problème.

En RD Congo, ici pays en exemple, des trahisons tribales constituent une gymnastique quotidienne. Des bandits politiques, sans aucun mandat, étaient allés jusqu'à signer clandestinement « des accords de cessions de territoires tribaux d'autrui » avec des pays voisins ! Des guerres meurtrières qui s'en étaient suivies, et qui continuent dans l'Est du pays, se font au prix des génocides et colonies des peuplements des tribus venant des pays voisins.

Des traitres demeurent impunis, tranquilles à

Kinshasa, la ville refuge de tous les caïds de la république. Là, ils sont députés, sénateurs, ministres…, tous protégés par des immunités liées à des fonctions acquises par des armes, et par des boucliers tribaux. Ce flagrant fiasco du « sentiment patriotique » se lit dans l'ahurissante indifférence de beaucoup vis-à-vis des atrocités et massacres que subissent leurs concitoyens à l'Est du pays.

Vivants à 2500 kilomètres de là, à vol d'oiseau des zones de l'Est en conflit, des Kinois, comme on appelle les habitants de Kinshasa, ont continué à chanter et danser pendant longtemps comme si rien n'était ! On se serait pourtant attendu de voir la capitale se lever comme un seul homme, et hurler contre des invasions étrangères à l'Est « au nom de l'Unité Nationale », comme on l'a vu à Alger, au Caire, à Ouagadougou, à Tunis…, dans des revendications démocratiques. Mais non ! À écouter des raisonnements de certains Kinois, on n'est pas loin de croire que Kinshasa est la capitale la plus inculte politiquement et intellectuellement au monde.

C'est la preuve que des « Unités Nationales » simplement livresques, décrétées d'en haut, telles que chantées dans beaucoup de pays africains centralisés, ne riment à rien. Il faut rebâtir les nations africaines autrement, en profondeur.

2. CENTRALISATIONS MORTIFÈRES

Il n'existe pas « d'hommes-dieux » sur Terre. Les Africains doivent arrêter avec leurs cultes des personnalités. Le continent doit faire preuve d'imagination, ou se référer à des modèles de gestions sociétales de l'Afrique ancestrale, pour se redéfinir. Les États africains doivent s'inspirer du passé de leurs peuples pour se trouver des alternatives de gestion interne de leurs espaces ; alternatives qui permettent de véritables et profondes unités des peuples dans leurs diversités au sein des États existants.

En l'occurrence, passer de la gestion verticale du

Pouvoir à une approche horizontale du même Pouvoir est l'alternative. Celle-ci offrant le double avantage d'impliquer le plus grand nombre dans les décisions touchant aux affaires publiques, et de permettre aux pays profonds, aux terroirs, de se réaliser aussi. Chose qui limitera, en plus, des conflits intertribaux inutiles en fixant les habitants chez eux, avec les leurs, et garantira des vraies « Unités nationales », à ce jour impossibles avec des peuples déracinés.

Car les centralisations de pouvoirs ne « bénéficient » qu'aux dictateurs, et un peu à leurs tribus ; d'autres communautés n'ayant pas occupé la présidence des États restant les oubliées du système ; de sorte qu'elles n'auront eu aucun début de développement depuis les indépendances des années soixante en Afrique.

Il faut donc penser à des systèmes qui obligent à une équité territoriale, à une redistribution des richesses qui soit égalitaire au sein des États. Dans l'état actuel des mentalités africaines, où le « Nous » tribal règne en maitre, il convient de partir de cette réalité bien têtue pour renforcer des États de l'intérieur. Il faut décentraliser la gestion des pouvoirs.

Il est en effet plus probable d'espérer du positif des populations solidaires et compatibles, avec une même mentalité et de mêmes valeurs, que des groupes hostiles et antagonistes. Que le commun des citoyens évolue dans son terroir, et il sera enclin à y respecter les règles, car encadré par son groupe ; ce qui accroitra sa productivité.

Et des étrangers, qui prétendent venir aider l'Afrique, doivent s'abstenir de semer des « divisions » entre peuples dans ce contexte. Leurs attitudes discriminatoires pour ou contre certains, selon leurs appartenances tribales, ont fait assez de dégâts sur le continent. Ce que leurs paires avaient semé au Rwanda, et récolté en 1994, devrait les pousser à un examen de conscience.

Certes, gérer des États à partir de la base diluerait des pouvoirs dictatoriaux et centralisés, mais cela garantira certainement le bonheur du plus grand nombre ; ce qu'est la raison d'être d'un État.

Pourquoi l'Afrique resterait-t-elle vissée à des " cultes des chefs ", quand bien même ces chefs sont incompétents ou dépravés ! Continuer sur ce chemin ne fera que perpétuer l'immobilisme, et bloquer l'élan de la jeunesse dans la réalisation de ses rêves.

Une telle mentalité rétrograde ne permettra jamais au continent d'avoir des Bill Gâte, des Mark Zuckerberg, des Jeff Bezos, et autres qui ont brillé d'inventivité dans leur jeunesse et révolutionné le Monde.

3. DES « ÉTANGS » POUR ÉTATS

« Sales étangs d'Afrique ! Des noyés en mille morceaux...Odeurs de la mort, décor déroutant ! Horreur, mon dieu, nous sommes en enfer ! », chante à tue-tête le fou du village africain.

Devenus des propriétés privées, des États africains échappent aux peuples. Dans des grands pays, des régions sont si différentes en us et coutumes que personne ne peut croire à une coexistence pacifique spontanée de leurs peuples. Sans des moyens à la hauteur, ces pays aux superficies gigantesques constituent des points faibles exploités par des prédateurs étrangers. Il est en effet plus aisé de gérer un village qu'une ville, un petit État qu'un très grand. Des peuples hétéroclites ne peuvent avoir la même vision des choses, les mêmes aspirations, sur de grandes étendues. Car des mentalités y sont naturellement différentes, parfois antagonistes.

« Ô misère ! Vous, Politichiens assoiffés de sang ! Cannibales aux crocs sanglants ; monstres chiens des étangs gourmands des cadavres... », chante encore le fou du village africain.

Des très grands pays sans transports, sans des moyens de communication, ni télécommunications à la hauteur, ont-ils une seule petite chance d'émerger en restant centralisés ! Des « politichiens », paraphrasant le fou du village africain pour dire « politiciens », se disent incapables de gérer des décentralisations, leur argument étant de ne pas menacer « l'Unité Nationale » ; comme s'il pouvait exister unité nationale dans des tribalismes !

Au pouvoir, des africains se sont avérés jusqu'ici incapables de mener par eux-mêmes des réformes ambitieuses pour la gestion de leurs pays, car ils refusent toute réforme qui les éloignerait des caisses des États, où ils puisent à volonté. La « Centralisation des pouvoirs » permet la kleptocratie au lieu de la transparence. Son unanimisme, avec des complaisances absurdes qui la caractérisent, auront poignardé l'Afrique de l'intérieur.

Des « chiens d'étangs et leurs crasses politiques », paraphrasant toujours le fou du village pour dire « chefs d'États et Classe politiques », continuent à saccager des États en Afrique. Ces piètres personnages, souvent folkloriques et de bas niveau intellectuel, constituent une haute barrière sur le chemin de la libération en Afrique.

Non visionnaires, ces dits « Hommes Forts », comme les encensent les médias des prédateurs, sont soit fondamentalement malhonnêtes, soit des malades psychiques, et choisis pour cela par certaines puissances étrangères pour diriger des États en Afrique. Et ces États d'être comme des boueux « étangs » où des peuples se noient années après années.

4. « UNTELS TUEURS »

« Untels tueurs : Minables, Parleurs-menteurs ou Deputains…, êtes des tueurs ! Malheurs à vous, les traitres ; malheurs à vous ! », il hurle, le fou du village africain.

Ils ont des grands titres académiques, ils accompagnent les pouvoirs, portent des costumes-cravates de luxe aux côtés des dictateurs ; ce sont les « diplômés » africains.

" Minables ", paraphrasant le fou du village pour dire « ministres », ils sont tous corrompus. De ces renégats, sans conscience, certains n'avaient pas hésité à piétiner des peuples en ravissant leurs terres à des paysans, ou les vendant à des prédateurs étrangers. Et d'autres encore d'autoriser des déchargements des déchets toxiques étrangers sur le continent !

Dans leur sillage, circulent des dits « notables » des régions. Ainsi autoproclamés, non mandatés par personne, ces escrocs s'arrogent des missions de revendiquer au nom des régions ; et cela pour se faire nommer à des postes de responsabilités, au nom de leurs « tribus », par des pouvoirs centralisés.

« *Parleurs-Menteurs, Deputains* », pour dire « Parlementaires, Députés… », comme le clame le fou du village africain, ne sont que des instruments des potentats qui jouent la comédie ; ils ne font qu'applaudir des dictateurs à la solde de l'Étranger.

« Untel-tueurs, levains de l'atroce ! Vous êtes la honte ; des vrais poisons. C'est vous les cannes des chiens d'étangs… ! », chante, et accuse, le fou du village africains qui s'en prend aux intellectuels des Chefs d'États.

À observer le comportement des diplômés africains, l'on est en droit de se demander si le continent a des intellectuels.

Au lendemain des indépendances, rares étaient des universitaires sur le continent ; on ne peut pas en dire autant aujourd'hui. Certes il y a moults diplômés, et de toutes les spécialités imaginables en Afrique ; mais Diogène, avec sa torche allumée en plein jour, aurait du mal à y dénicher un seul intellectuel ; car les « diplômes » africains n'innovent rien dans des pays.

Politiciens, les diplômés courent derrière des « postes de pouvoir » pour simplement être très bien rémunérés. Ils ne sont pas différents des cueilleurs dans des forêts d'Afrique. Des « Hommes Forts » utilisent des diplômés à volonté et, ceux-là, professeurs, docteurs, maîtres… de s'avérer toxiques pour des pays. Après avoir suscité de l'espoir, par leurs titres académiques ronflants, ils sèment des déceptions par leurs comportements de parvenus.

En RD Congo, ici pays en exemple, des grands

diplômés se sont toujours relayés aux côtés des dictateurs successifs. On a même vu des professeurs éméchés en-train de danser comme des délinquants primaires dans la cour des dictateurs. Ce sont ces grands diplômés-là qui ont, en tout temps, consolidé des pouvoirs qui écrasent des peuples en Afrique.

Ces individus ont utilisé leurs diplômes comme sauf-conduits à des montages juridiques machiavéliques en faveur des dictateurs, et autres prédateurs étrangers, contre les intérêts du peuple congolais. Leurs connaissances des lois et des textes ont été utilisées pour emballer des crimes dans des formules justificatives et incompréhensibles pour le peuple.

Ce sont des diplômés qui inspirent des complots contre des intérêts des pays en Afrique, qui finalisent des transferts des milliards volés sur le continent vers des paradis fiscaux à l'Étranger.

« Oh ! Pro-farceur, et vous Dompteurs… Où nous menez-vous ! Oh ! Le gouffre ! Malheur des malheurs, un précipice au-devant… ! », hurle le fou du village africain contre les « Professeurs et les Docteurs… » du pouvoir.

Les diplômés africains se placent sous les ordres d'illettrés commandants criminels. Et ces derniers de s'en moquer quand ça les chante, histoire de se sublimer à leurs grands diplômes. Mais tous disent « amen » pour un peu de fric.

Le mythe du diplôme est l'autre des grands maux africains. La majorité de diplômés africains – agronomes, vétérinaires, historiens, géographes…– préfèrent rester dans des bureaux et y attendre leurs grands salaires ; jamais ils ne se salissent les mains ! Ils sont comme des lampes qui attendent d'être éclairées au lieu d'éclairer !

Les quelques entreprises qui prospèrent localement en Afrique sont le fait d'individus qui n'ont pas terminé l'école secondaire ; et ce sont des diplômés qui vont mendier, qui une bière chez l'un, qui un petit billet chez l'autre.

Les pionniers des indépendances africaines, comme Patrice Emery Lumumba en RD Congo, n'avaient pas des diplômes du niveau actuel. Et pourtant ils avaient marqué leur époque par un engagement patriotique sans faille ; ils continuent même à fasciner, à rayonner, malgré des blocus à l'information décrétés contre eux par leurs assassins. Ces pionniers-là étaient des vrais intellectuels, des vrais leaders africains, détruits pour empêcher l'Afrique d'exister.

Bien des diplômés africains contemporains ne sont qu'un ramassis d'aventuriers, en costumes cravates de luxe, sans aucun sens de l'honneur. Beaucoup d'eux sont des piètres délinquants : recteurs d'établissements universitaires, ils vont monnayer des diplômes sans se soucier des conséquences futures pour la société ; et l'humour populaire d'ironiser sur ces titres en les qualifiant de « Diplômes sexuellement transmissibles, Diplômes politiquement acquis », parce que distribués à des copines ou à des ministres complexés qui veulent aussi porter le titre de « Professeur à Thèse ». Économistes, ils vont voler des caisses de l'État au lieu de les remplir.

En RD Congo, pays ici en exemple, pullulent des faux médecins, des faux économistes, des faux juristes, des faux...dont l'incompétence est notoire, sans parler de leur piètre niveau de raisonnement.

Outre-mer, des diplômés africains s'illustrent par la même médiocrité. Ils refusent carrément des reconversions professionnelles vers des métiers dits subalternes. Par fierté et orgueil mal placés, beaucoup préfèrent passer leurs journées devant des téléviseurs, en vivant aux crochets de leurs épouses, qui se cassent les dos dans des petits boulots ménagers chez des Blancs pour la survie. Docteurs, professeurs, ils ne rêvent qu'une chose : le retour au pays pour des postes importants et des grands salaires. Ils ne s'imaginent pas travailler loin de la Capitale, ni à la campagne. Dans l'appareil de l'État, s'ils y arrivent, ils se comporteront en féticheurs des dictateurs qu'ils aideront à prospérer ; et ils discréditeront carrément les diplômes aux yeux de la population.

5. CAPITALES AFRICAINES CORROMPUES

Beaucoup des capitales africaines ressemblent à des tanières, des cachettes à malfrats en activité au sein des États. Ce sont des détourneurs des deniers publics, des trafiquants des drogues, des contrefacteurs des monnaies, des violeurs et autres assassins...qui y ont pignon sur rue. Et dire que c''est là où tout se joue, où l'argent circule en masses, où les décisions se prennent. Des capitales négro-africaines sont souvent de grands centres de jouissances pour hommes au pouvoir ; et c'est tout le pays qui en rêve, et veut s'y installer. Des citadins lambda qui y habitent, majoritairement pauvres, et avec des familles nombreuses, sont pris dans un tourbillon urbains enivrant. Vivant au jour le jour, ils usent des astuces et de malice pour survivre ; et tous les moyens sont bons pour y arriver. Il ne faut pas toujours compter sur eux pour des actions engagées. Affamés, ils ne parlent que ventre et nourritures. Ils s'étripent pour avoir un poste de pouvoir pour exister ; et quand ils y arrivent, c'est toute la caisse de l'État qu'ils emportent.

En RD Congo, ici pays en exemple, le tableau est éloquent. Dans la capitale, on rencontre des situations familiales où c'est un seul repas qui est servi par deux jours. Dans la torride chaleur tropicale de l'immense capitale excentrique, Kinshasa, qui ressemble à une grouillante ruche d'abeilles, avec des quartiers et des rues surpeuplés en permanence, où le bruit n'arrêtent jamais, la concentration intellectuelle est aléatoire. Mais c'est bien dans cette mégalopole, à l'ambiance délétère, que se prennent des décisions et orientations qui concernent l'un de plus grands pays noirs d'Afrique et du Monde.

Des Politiciens, et autres officiels, y occupent des bureaux où ils attendent « des clients » au sens mercantile du terme. Des citoyens doivent débourser des prébendes avant d'obtenir des signatures qui vont débloquer leurs dossiers ou contrats. Dans des ministères, défilent à longueur de journées, des oncles, cousins, cousines affamées, et des putes…, tous en quête d'un peu d'argent pour survivre. Et dans des bureaux officiels, on parle plus fêtes que travail. Les mêmes bureaux sont des points de passages des criminels qui entrent, payent, et en ressortent blanchis.

Qu'un paysan s'y présente, qu'il sera regardé avec mépris, avant d'être trimbalé de bureau à bureau pendant des semaines. Il devra distribuer des matabiches à des gardiens, et nombreux secrétaires, avant de rencontrer l'autorité avec son dossier. C'est l'évidence, des projets montés en pays profonds restent freinés ou longtemps en souffrance. Et ils sont doublement pénalisés ; par des distances que doivent parcourir leurs concepteurs (voyages à financer), d'une part ; par des coûts élevés des séjours dans des capitales, et des pourboires à distribuer pour accélérer les choses, d'autre part. Dans ces systèmes d'États centralisés, les capitales concentrent tous les pouvoirs et en abusent.

VI.   LA ROUE INFERNALE

1.   MINORITÉS INSTRUMENTALISÉES

Les prédateurs étrangers l'avaient bien compris. Le ressenti des termes « majorités, minorités... » est plus tribal qu'idéologique en Afrique. La manipulation des " minorités tribales " contre des « majorités » est la nouvelle arme secrète favorite des prédateurs étrangers en Afrique.

Des tracés de frontières des pays d'Afrique, lors du partage de 1885 à Berlin, avaient divisé certaines tribus les rendant transfrontalières. Cela avait sonné le glas des unités territoriales tribales, et une ère nouvelle était née : c'est l'Histoire.

Forts des appuis d'étrangers, certains petits États ethniques s'attaquent à des voisins plus grands, et riches, au prétexte de revendications territoriales. Au nom des tribus, des milices vont naitre et pulluler. Des violences extrêmes vont être perpétrées contre d'innocents voisins : pillages, viols, meurtres de masses, enterrement des gens vivants...au nom de la tribu, de l'ethnie ! Si ce n'est pas l'odeur de génocide, qu'on explique. Comme à l'époque de l'esclavage, le Noir est encore et toujours le loup du Noir !

La RD Congo, ici pays en exemple, est victime de cette folie meurtrière depuis 1996 dans sa partie orientale. Il s'y déroule un véritable nettoyage ethnique, avec des colonies de peuplements de tribus étrangères des pays voisins, et ce en présence de l'ONU, dénommée Monusco sur place. Encore une façon de semer de la haine à long terme dans une région.

La leçon à tirer de cette triste expérience en RDCongo, est que réfugiés et apatrides, issus des pays voisins, doivent assumer leurs responsabilités. Leurs gourous belliqueux sont des personnes qui voyagent dans le monde ; ils savent donc très bien les limites à ne pas franchir par des immigrés dans des pays hôtes. Que réfugiés et apatrides se laissent autant manipuler par le capitalisme sauvage, dont des pays ne leur avaient pas ouvert grandes les portes lorsqu'ils étaient en fuite et en détresse, comme l'a toujours fait la RD Congo, relève de la folie. En se constituant en milices armées, avec des semblables transfrontaliers, pour s'attaquer aux seuls qui les avaient accueillis, hébergés, et nourris en situations d'extrêmes détresses, restera grassement gravé dans les mémoires et les annales des ingratitudes humaines.

La puissance de la vérité s'imposera un jour. On sait qu'elle écrase tous les mensonges sur son passage. Et les vainqueurs d'aujourd'hui seront les vaincus de demain. D'aujourd'hui impunis, ils seront prisonniers demain. Coupables et stigmatisés, comme des traitres, ils raseront de honte des murs en criminels dévoilés.

2. TERRORISME

C'est à cor et à cris que le Monde dénonce le " Terrorisme " dont l'Occident a été victime au cours de la dernière décennie. En même temps, et ce n'est plus un secret pour personne, des pays riches financent des guerres meurtrières de déstabilisation des États les plus stratégiques en Afrique ! Le continent est la cible des terrorismes économique, politique, pédagogique, culturel, médiatique…c'est clair.

On note une relation directe entre la présence, dans les sous-sols, des matières précieuses convoitées dans des États, et la promotion des rebellions dans ceux-là. Ce machiavélisme capitaliste, qui consiste à hisser des criminels aux pouvoirs en Afrique, pour pouvoir voler « légalement » des richesses des pays, est on ne peut plus intolérable.

Agresser autrui, piller ses richesses dans une violence extrême sont-ils le nouveau modus operandi des nations ? Si c'est le cas, que l'ONU le proclame officiellement. Et chasser des dirigeants légitimes d'un pays, et les remplacer de force par des imbéciles criminels, en exterminant des peuples autochtones au passage, est-ce le nouveau modus vivendi à adopter tous dans le concert des nations ? C'est à n'y rien comprendre. Face à la complicité des institutions internationales mondiales, on croit rêver !

Pourquoi l'Afrique doit-elle injustement continuer à subir des coups assénés par d'autres siècle après siècle ! Que des cyniques racistes s'acharnent à culpabiliser l'Afrique, l'accusant d'être violente et sauvage, alors que ce sont eux qui sèment le chaos, est doublement criminel. Leur politique de terre brûlée en Afrique, avec des crimes de masse et des pillages indicibles en plein vingt-et-unième siècle, n'est pas différente de celle d'Attila dans la Rome antique, avec des razzias qui avait fait dire que là où il passait l'herbe ne poussait plus.

La politique de « Divide et Impera » des prédateurs, sauvagement appliquée dans une totale impunité contre des peuples d'Afrique aurait quel autre fondement sinon un racisme criminel intrinsèque ! Juges et partis, les prédateurs se moquent éperdument des dégâts qu'ils provoquent chez des Noirs.

Des morts et des morts, en millions, vont-ils être oubliés comme des déchets pour le bonheur des criminels ? Dans ce cas, quelle différence fait-on avec des actes des terroristes confessionnels !

Lorsque de petits terroristes confessionnels agressent des pays riches, ils sont très vite tracés, fichés, pourchassés, arrêtés, et neutralisés. Mais des « États gangsters », qui font pire en Afrique, ne sont jamais inquiétés !

La RD Congo, ici pays en exemple, paye un prix incommensurable dans ce contexte. C'est depuis l'État Indépendant du Congo qu'elle est martyrisée par les étrangers ! Et au lendemain de son indépendance, en 1960, elle était sérieusement déstabilisée par des sécessions. Un secrétaire général de l'ONU avait même péri dans ce climat d'insécurité. Puis vint le coup d'État et une dictature de trois décennies, puis des invasions des pays voisins, avec une dictature de deux décennies et, maintenant, des milices parrainées par l'extérieur ! L'ONU, sur place depuis plus de vingt ans, avec mission de protéger des civils n'intervient que rarement ; et c'est chaque jour que les civils sont massacrés sans qu'aucun criminel ne soit neutralisé ! Il y a de quoi interroger la " Conscience Universelle " sur cette drôle de mission qui semble plus accompagner l'apocalypse que l'arrêter !

Des milices tribales sévissent et perpètrent des crimes dont des images cruelles, prises par des amateurs, sont autant si pas plus cruelles que celles du génocide au Rwanda en 1994. Ces atrocités sont commises avec des armes que seuls les pays dits riches fabriquent. Et, bizarrement, tous les satellites espions de ces puissances s'avèrent aveugles, sourds et muets sur ce qui se passe à l'Est de la RDCongo : aucune image, ni sons, ne sont diffusés à grands bruits par des médias dits objectifs comme il se doit ! On est pourtant dans la même région que le Rwanda. Et pourquoi ?

Parce que des camions, et des camions, entrent et sortent de l'Est de la RDCongo, jour et nuit, emportant des minerais rares pillés, lesquels sont embarqués dans des avions cargos étrangers dans des pays dits voisins ! Et c'est l'Afrique qui perd ses richesses en milliards pour, après, recevoir de l'aumône de bourreaux sous forme « d'aides humanitaires ».

Des puissances terroristes pillent des pays en plein jour, et dans la totale impunité. Comprendre cela, c'est saisir le sens des rebellions de terreur qui écument le continent en ce début du 21ème siècle.

3. RAZZIAS BARBARES

Des prédateurs étrangers allument la mèche des conquêtes territoriales, des uns chez d'autres, dans des régions sensibles et ciblées en Afrique. Ils sont alors sûrs de l'explosion. Cela fait, le terrain leur sera propice pour des pillages dans ladite région. Des milices armées, financées par eux, franchissent des frontières bien établies, et foulent aux pieds des traités dits « internationaux ». Elles sévissent, font des razzias, à l'instar des barbares d'antan, dans une totale impunité. A se demander quel crédit l'on peut encore accorder à la Justice Internationale qui tolère que la soif du butin piétine les principes de moralité, et la sacralité de la vie humaine.

Ces « permis de tuer », accordés à des pions africains, s'accompagnent des interdictions imposées à leurs victimes ; même le droit à l'autodéfense est refusé à ces dernières. Les pays victimes seront soumis à des embargos sur l'achat d'armes pour qu'ils se rendent. Dans ce contexte d'extrême cruauté, où des victimes sont transformées en coupables, l'injustice est totale et la frustration entière. C'est source d'escalades de la violence, chose recherchée par des prédateurs qui aiment le chaos pour faire des affaires.

Les chantres du Droit International, historiens, ethnologues, et autres dits spécialistes de l'Afrique, devraient se cacher.

Comment comprendre que des connaisseurs laissent diffuser des inepties justifiant des razzias dans des pays agressés sans dire mot. Eux qui prétendent tout savoir sur le continent, eux qui sont documentés, pourquoi ne se manifestent-ils pas lorsqu'on déforme des vérités pour justifier des agressions contre des pays souverains ! Et ce un hasard qu'ils soient uniquement prompts à accuser des dirigeants africains « gênants », parce que nationalistes ! C'est la preuve qu'ils font partie du système prédateur.

C'est dire que bien des scientifiques, prétendument objectifs, ne sont rien d'autre que des maillons de la chaine de prédations en Afrique. Ce sont des comédiens qui jouent sur la même scène que des vampires qui saignent le continent. Beaucoup de soi-disant « spécialistes de l'Afrique » sont en fait des espions au service des puissances étrangères terroristes.

4. SCANDALEUSES IMPUNITÉS

Le degré de dénonciation des crimes d'États, par l'ONU et d'autres juridictions internationales, est inversement proportionnel à la puissance militaire et économique des pays. Ainsi des États voyous africains, des pions, sont-ils couverts par certaines puissances étrangères.

Des pays agressés, sans parrains puissants, sont tout simplement ignorés et culpabilisés par les médias du système. Soumis à des embargos, ils vont s'affaiblir. Une propagande médiatique étrangère va concomitamment masquer des violations sur leurs peuples, des crimes contre l'Humanité, des graves crimes économiques. Et la présence des Forces de paix de l'ONU sur terrain ne sera qu'un leurre, un tonneau des Danéens, visant à distraire des peuples pour mieux les assommer. Même les drones de l'ONU ne serviront qu'à renseigner des agresseurs sur des positions des forces armées régulières.

La RD Congo, ici pays en exemple, vit ce cauchemar depuis bientôt un quart de siècle. Victime de cette politique de deux poids deux mesures de la Communauté dite Internationale, de l'injustice structurelle au sommet du monde, ce pays est amer, en colère. Avec la perte des habitants en millions, des minerais rares, en milliards ..., ce pays aura subi les plus grands crimes contre l'Humanité et économiques au Monde. Sans Justice, il s'en suivra certainement des vengeances impitoyables un jour. Et tout cela à cause des puissances étrangères terroristes.

VII. DISCUSSION

On peut affirmer, sans risque de se tromper, que l'Afrique est le continent qui comptabilise le plus de crimes occultés dans le Monde, depuis l'esclavage et la Conférence de Berlin de 1885. C'est dire que le ver est dans le fruit !

Avec tant des blocages planifiés et exécutés contre les populations africaines, la misère des s'est enracinée en profondeur, et le continent est devenu terre des conflits pour la survie.

Jouer avec des peuples, comme on le ferait avec des petits mannequins, n'est-ce pas le cynique jeu favori des puissances étrangères en Afrique ?

Puisque « démocratie » signifie choix et participation des peuples, que dire de ces États africains, dits démocratiques, qui ignorent tout des pays profonds majoritaires démographiquement. Comment comprendre que la majorité de la population soit systématiquement exclue de la gestion de la chose publique depuis des siècles en Afrique ! Et dire, dans ces conditions, que l'Afrique a refusé le développement, est un raccourci indéfendable ! N'est-il pas plus correct de dire que « le développement de l'Afrique » fait peur à des pays. N'est-il pas temps d'ôter des écrans de fumées qui voilent les horizons du continent depuis des siècles ! Les Chinois l'ont fait pour eux ; pourquoi pas les africains.

1.   DES MOTS ET DES ACTES

Il faut débattre du sens des « Mots », des termes, et des « Actes » qui régissent la marche du Monde. Des mots abondamment utilisés, comme « Communauté Internationale, Crime contre l'Humanité, Démocratie, Génocide, Terrorisme… », ne semblent pas compris de la même manière par tous les humains, même et surtout dans des instances dites internationales ; et des actes qui en découlent diamétralement opposés dans un même Monde.

Permettre que des concepts soient mêmement compris, et utilisés avec un même entendement par tous, améliorera à coup sûr la Justice internationale et sa portée. Cette harmonisation des définitions et des pratiques, dans les relations internationales, est indispensable pour une égalité de traitement des États et des humains dans un monde dit globalisé. Et de cette façon, des flagrants délits, qu'ils concernent des individus ou des États, pourront être traités avec la même façon, et avec la même rigueur, partout, d'où que vienne le prévenu, et qui qu'il soit. Des mots, comme « génocides, massacres, recels, vols... », sont actuellement utilisés en sens variables selon des intérêts de certains et au détriment d'autres.

Quand des certaines puissances décident d'écraser un pays ou une communauté, elles qualifient leurs actes de « génocides, de terrorismes... » Et quand elles veulent dédouaner d'autres, pour des mêmes faits, voire pires, elles qualifient les actes de ces derniers de « simples dégâts de guerres, actes d'autodéfense... » !

Des Noirs sont vite mis aux arrêts pour des délits et crimes définis selon des mots consacrés, alors que pour de mêmes délits et crimes d'autres mots seront utilisés pour dédouaner des Blancs dans certains pays. D'où la pertinence et l'importance de définir et convenir du sens des mots et les actes.

Sous prétexte de combattre le terrorisme, des grands moyens sont mobilisés par des puissants pays riches. Agressés par de groupuscules de quelques frustrés, qui refusent de continuer à être des dindons d'une farce internationale, et qui s'en prennent à ces pays avec de petite bombes artisanales, ces puissances vont vite frapper et neutraliser les agresseurs.

Cela ne se voit jamais quand l'Afrique est massivement déstabilisée et bombardée avec des roquettes et autres bombes industrielles. Et qu'il s'y produisent des dégâts humains et matériels incommensurables, les médias internationaux s'empresseront d'affirmer qu'« il n'y a pas de preuves » !

En fait, le "Mal" est défini comme tel en fonction des intérêts des puissants dans un monde où l'on chante Justice, Égalité, Fraternité. Les grands conflits dans le Monde sont dûs à des actions terroristes de plus en plus brutales des certains pays riches et surarmés ; et on ne parle pas de "Mal"!

Personne ne s'émeut des viols et massacres que subissent des pauvres innocents dans le Monde. C'est bien le cas en ce qui concerne la RDCongo, ici pays en exemple, où la barbarie est tolérée, banalisée, transformée en fatalité. Seule la stigmatisation des victimes y est en promotion ! À se poser des questions sur le sens « des Mots et des Actes », dans les rapports internationaux, si l'on veut réellement la paix partout dans le Monde.

2. TRAFICS ET ESSAIS DES ARMES EN AFRIQUE

Avec quelles intentions, et pour quelles destinations, certains pays riches fabriquent-ils des armes au-delà de leurs besoins d'autodéfense ! Et pourquoi sont-ils excités et scandalisés quand un coup de feu, à partir des armes qu'eux-mêmes fabriquent, survient sur leurs territoires ! Ces armes interdites chez eux se retrouvent massivement sur des théâtres des guerres en Afrique ; comme c'est curieux !

On le sait, les armes létales sont fabriquées, numérotées, et enregistrées avec des autorisations très officielles des États. Et elles alimentent des trafics et l'insécurité dans des pays pauvres. Fourbes, les médias du système vont prétendre qu'il n'y a que des guerres tribales en Afrique, qu'il n'y a pas de preuves d'ingérences étrangères ! On croit rêver.

Qu'un jet présidentiel soit abattu par un missile, et deux présidents africains de périr, et personne ne sait plus donner le nom du fabricant du missile ; même des-dits « spécialistes de l'Afrique » se cachent ; c'est l'omerta.

Comment expliquer qu'on lutte avec brutalité contre des drogues, mortifères à des consommateurs consentants, et pas contre des armes qui exterminent des innocents ! Des paysans, propriétaires de quelques plantes à vertu récréative (cannabis…), sont vite poursuivis, arrêtés, et emprisonnés, alors que des producteurs d'armes de destructions massives continuent de plus belle leur entreprise au motif de protections des emplois ; comme si des peuples des pays pauvres n'avaient pas, eux-aussi, droit aux emplois !

Pour soi-disant « démocratiser des pays » en Afrique, des infrastructures sont systématiquement détruites avec des armes lourdes dans des pays, au motif de chasser un dictateur, personnage que les mêmes prédateurs avaient soutenu pendant des années.

Des pays riches choisissent de tout détruire au passage, alors qu'elles ont la capacité de neutraliser n'importe quel dictateur africain, à tout moment et sans dégâts ; ce n'est pas le fait du hasard.

Des pays prédateurs, faux amis de l'Afrique, réduisent tout en cendre dans des pays, où ils interviennent, pour s'aménager de futurs chantiers, et des emplois pour leurs chômeurs, sur le dos d'un continent déjà pauvre. Tout est fait pour que des endettements des pays africains soient décuplés par des reconstructions post-conflits.

C'est triste ; un immeuble, une école, un hôpital, un barrage..., détruits par des bombardements étrangers dans un pays les sont pour toute l'Afrique. Des Étrangers, qui n'ont jamais arrêté de construire routes et immeubles chez eux malgré l'abondance, se moquent du continent. Ils s'en servent juste comme d'un terrain d'expérimentations de leurs nouvelles armes léthales et de destructions massives aux frais des peuples africains. Détruire tout, puis prêter pour reconstruire, est une autre façon machiavélique de pérenniser l'insolvabilité des États africains, et de les garder sous sa coupe.

3. COLONIALISME ÉCONOMIQUE

Les peuples d'Afrique n'exigent qu'une chose : leur totale indépendance économique. L'Afrique est en guerre sans en avoir conscience.

Les ennemis du continent, n'ont jamais cessé d'attaquer une Afrique dubitative. Si le combat intérieur a quelque peu évolué en Afrique, suite à un renouvèlement des générations, avec des jeunes de plus en plus décomplexés, le combat extérieur reste brouillon.

Un complexe d'infériorité incarné comme une brique, dans les têtes des dirigeants au pouvoir, empêche toute défense des intérêts des « Afriques ». Distraits par de leurres du genre « Démocratie », un véritable opium des pauvres au 21-ème siècle, ces dirigeants oublient toujours l'essentiel : « L'Indépendance Économique » de leurs pays. Sans ambition ni vision, les dirigeants africains préfèrent être des sous-traitants d'un système qui avilisse leurs peuples.

Une chose est sûre, sans remise en question du système léonin étranger qui régit les économies en Afrique actuellement, il n'y aura pas d'issue. C'est systématique et systémique, l'Afrique est intentionnellement pillée et cyniquement appauvrie, et ce depuis l'esclavage et la Conférence de Berlin. Tout est fait pour que ce continent demeure une naine économique ; et c'est la cause principale des misères africaines contemporaines.

Les peuples d'Afrique doivent s'unir contre un ennemi commun : « l'exploitation économique ». En ont-ils conscience, pourront-ils intégrer cette triste réalité, et réagir en conséquence, quelles que soient les divergences ? Il faut l'espérer. L'unité des dirigeants et peuples est la seule arme efficace pour gagner la bataille de l'indépendance économique en Afrique. C'est la raison pour laquelle certaines forces étrangères s'acharnent à constamment diviser des peuples sur le continent, et à attribuer des conflits sanglants qui en découlent au compte des barbaries africaines. Vont-ils, les peuples africains, cesser de se massacrer comme des diables au profit de l'Étranger. Comment peuvent-ils chanter « Démocratie, Panafricanisme… » alors qu''ils se haïssent et s'exterminent de tout côté !

Il n'y a que des leaders nationalistes qui pourront aider des peuples à comprendre ces nuances, et mener avec eux le combat final : celui de l'Indépendance

Économique.

Le système économique mondial actuel ne permet aucune démocratie aux peuples sous exploitation. Il ne vend que des slogans du genre « Liberté, Égalité, Fraternité, Élections libres, Un Homme, une Voix... » ; tout cela pour dissiper les esprits, sans jamais prononcer les mots « Indépendance Économique ». Le système économique actuel est vicieux, criminel.

Ce système ne facture pas les consommateurs, mais seulement des producteurs. Ce sont des pays dits pauvres qui paient les factures des pays dits riches depuis des siècles. Ce sont les pauvres, qui font la prospérité des pays dits riches. Cette kleptocratie est non seulement criminelle, mais surtout antidémocratique, car elle tue et ne tient aucunement compte de la volonté des peuples souverains chez eux.

Les misères d'Afrique font partie d'une macabre comptabilité de l'exploitation systémique. Des pays artificiellement riches ne lâcheront pas le morceau sans affrontements juridiques, politiques, voire militaires. Il faut le savoir.

4. ASPIRATIONS DES PEUPLES

La décentralisation de gestion des États, phagocytés jusqu'ici par des puissances étrangères, via des dictateurs, est une exigence des peuples africains. Elle seule pourra générer des futurs dirigeants intégrés qui respectent les choix des peuples souverains.

Le Tiers Monde et l'Afrique vivent une situation où ce sont des bureaux étrangers, très lointains, qui raisonnent et choisissent tout à leur place. Le continent africain est contraint à respecter des système conçus, non pas pour son bonheur à lui, mais pour celui des peuples lointains, et à son détriment ! Il a été installé dans un système de jeux des mots et d'écritures qui lui vole ses richesses, sans possibilité de contester, et ce depuis des siècles. Ainsi doit-il « respecter » des lois fabriquées pour le plumer ; c'est la condition sine qua non d'être admis dans des organisations dites internationales. C'est cela qui donne les misères qui se vivent actuellement en Afrique.

Des contrats économiques léonins en cours relèvent tous de l'abus de faiblesse, ou d'associations de malfaiteurs, car conclus en catimini entre individus, les dictateurs, et des États prédateurs, sans débats démocratiques préalables dans des États africains souverains.

Des procédures pour délits d'initiés, et abus de faiblesse, ne devraient-elles pas commencer afin de dédommager le continent et ses peuples ! N'est-il pas temps de déclarer tous ces contrats abusifs caduques ?

Un récent président des Etats-Unis n'a-t-il pas donné l'exemple en dénonçant et quittant des d'accords internationaux qu'il jugeait nocifs à son pays ! Personne n'a bougé le petit doigt, il y n'y a pas eu de sanctions, et cela fait jurisprudence.

L'Afrique doit savoir se saisir des opportunités comme celle-ci pour exposer l'injuste pillage dont elle est « légalement » victime dans le Monde.

En complément à la Justice Internationale, l'Afrique ne doit-elle pas jouer avec un contrôle intérieur sérieux des contrats ? Avec des droits de véto, des États fédérés pourront s'opposer à des « permis de pillage économique » dans leurs espaces.

Il faut des dirigeants avertis, très bien formés, pour tenir tête à des prédateurs dans des pourparlers visant à conclure des contrats en Afrique. Il ne suffit pas d'être issu d'une grande tribu, ni de porter de beaux costumes, ni parloter pour ne rien dire ; dans ce genre de négociations ; il faut être intègre, compétent, exigeant, inflexible.

En RDCongo, ici pays en exemple, des postes de responsabilités sont attribués à des nuls ou immoraux par des présidents successifs à partir de 1965 ! Jamais dans ce pays on ne tient compte du curriculum vitae du candidat responsable, de sa moralité, de sa compétence, des témoignages sur sa personnalité... ! Des instables sociaux, comme des polygames à cinq, six femmes..., sont hissés à des postes de responsabilités !

Les trois présidents qui se sont succédés, après feu Kasavubu, n'avaient fait que pêcher dans leurs entourages proches, et promu des idiots et des voleurs à des postes de responsabilités ; les conséquences sont catastrophiques à ce jour. Ces chefs d'État avaient, tous, confondu le peuple à leur seule tribu, et de ce fait contribué au règne des prédateurs en Afrique !

On entend de plus en plus deux cris de rage populaire sur le continent ; un cri contre l'extérieur, où filent leurs richesses volées, et un cri contre l'intérieur où des tribalistes aux pouvoirs les empêchent de tous décider souverainement de leurs destins.

5. CONSCIENCES NATIONALES

Ce n'est pas que « la faute des autres », il faut se le dire.

L'Afrique à sa part de responsabilités dans ses propres misères, et cela à cause de ses filles et fils parricides. Il faut admettre que des déficits de consciences nationales, d'esprits patriotiques ont sérieusement nui au continent. Beaucoup n'ont-ils pas fait la promotion de leurs tribus pour des résultats médiocres ? Être homme c'est être responsable, dixit Albert Camus. Chaque famille a la responsabilité d'élever ses enfants dans un climat de paix et de Justice ; chacune doit donc se battre pour cela en Afrique.

Il existe différentes architectures sociétales spécifiques au sein de chaque pays africain, du fait de la diversité des populations, des dialectes, us et coutumes. Ces compositions démographiques internes étaient traduites en ethnies, tribus, clans…

Ces éléments essentiels ont toujours été évacués des maquettes de construction des nations par les dictateurs africains. Cela a abouti à des conflits inutiles, voire à des guerres entre populations de mêmes pays et régions. Des incompréhensions, parfois des incompatibilités, entre les unes et les autres en étaient, et en sont, l'explication.

Depuis les colonisations, on avait vite évacué,

non sans mépris, des passés ancestraux des uns et des autres, et voulu imposer un « Présent » venu des Blancs ; c'est faillite partout.

Faute d'avoir concilié et reconcilié ces passés et le présent, beaucoup d'Africains n'arrivent pas à comprendre que des potions sociétales du « Passé » ne peuvent être servies comme telles au « Présent ». Un outil, une organisation, n'ont de raison d'être que s'ils résolvent des problèmes de leur temps.

La RDCongo, ici pays en exemple, en est l'illustration grandeur nature. Avec plus ou moins de mêmes dimensions que l'Union Européenne, elle avait, par slogans et ivresse nationalistes, poussé à des brassages démographiques internes anarchiquement. Alors que l'Union Européenne, qui a des moyens, n'a jamais touché aux identités et passés des peuples ; elle a laissé chacun comme défini chez lui. Allemands, Belges, Espagnols, Français, Grecs, Italiens, Hollandais, Portugais…etc. sont Européens, mais chacun s'identifie d'abord à son terroir. Il est clair que si l'Union Européenne avait agi comme la RDCongo, elle récolterait les mêmes conflits communautaires que celle-ci.

Obsolètes et anachroniques, des pouvoirs coutumiers n'ont résolu aucun dilemme africain des derniers siècles ! Ils ont par contre accompagné des prédateurs dans leurs sales besognes sur le continent : esclavage (commerce triangulaire), colonialismes, dictatures...

Objectivement, des pouvoirs dits coutumiers n'ont plus rien de coutumier. Ils n'ont plus les moyens de leur politique d'une part, et ne contrôlent plus des populations devenues mobiles d'autre part. Beaucoup des chefs coutumiers ont même déserté leurs fiefs traditionnels pour des capitales, leurs hommes continuant à rançonner des pauvres paysans. Réduits en simples fonctionnaires de l'État, ils perçoivent un salaire de corruption de la part des dictateurs. Et, monde à l'envers, au lieu d'être consultés par ces Chefs d'États, ce sont eux qui s'agenouillent, leur rôle n'étant plus que de faire du rabattage électoral des paysans en faveur des dictateurs !

Non fondés sur la compétence, ces pouvoirs coutumiers contribuent aussi à la servitude des peuples à plus d'un égard. Hétéroclites, aucun ne peut se prétendre être le modèle exclusif à suivre par toutes les populations dans un État africain.

Il y a donc lieu de s'inspirer des seuls aspects positifs, et constructifs, des coutumes des uns et des autres, et d'en faire la synthèse par pays. Le monde a changé, l'Afrique aussi, et c'est irréversible. Il est malheureux d'assister à des confrontations intercommunautaires meurtrières par nostalgies tribales en Afrique.

L'Afrique traditionnelle n'était pas structurée sous forme d'États tels qu'on les connait aujourd'hui. Les frontières des terroirs communautaires n'étaient sur aucune carte, mais dans la tête de chacun. Les limites territoriales des tribus étaient s naturelles : montagnes collines, rivières... Des peuples voisins se déplaçaient cependant de part et d'autre des limites dans une quasi continuité territoriale ; il n'y avait pas de douanes.

Cette vision du Monde fait que beaucoup d'Africains confondent leur appartenance à une ethnie avec la Nationalité ; ils oublient que des repères d'hier ne sont plus ceux d'aujourd'hui. L'Afrique ancestrale, celles des ethnies, des empires et des royaumes, était morte à la Conférence de Berlin de 1885. Et l'eau a coulé sous les ponts ; personne ne refera des passés ethniques révolus.

Les seules références citoyennes sont ces pays reconnus et enregistrés à l'ONU. Bien plus, beaucoup des spécificités tribales ont quasi disparu dans l'Afrique moderne ; chacun peut faire ce qu'il veut s'il en a les moyens : se faire agriculteur, éleveur, pêcheur, chasseur…, même si ses ancêtres ne l'étaient pas. Malgré l'évidence, le réflexe ethnocentrique garde la peau très dure en Afrique. Cela avait été accentué dans des États à régimes fortement centralisés. Injustices et misères endémiques sous ces régimes autocratiques avaient poussé des individus à adopter des replis tribaux par réflexe de survie.

Si la nostalgie ethnique est légitime, ce qui ne l'est pas, à l'heure de la mondialisation, c'est de vouloir l'adopter comme arme de guerre contre ses concitoyens dans des États modernes. Que certains veuillent tout déconstruire dans des pays à partir d'un rêve tribal, et qu'ils se lancent dans des aventures de conquêtes territoriales chez leurs voisins, est non seulement illégal, mais aussi irresponsable.

Certes, des prédateurs capitalistes exploitent cette faiblesse tribale africaine, en stimulant des folies de grandeurs, et finançant de lugubres projets dans des pays et régions. Il ne s'agit que de promotions de la haine entre africains pour qu'il y ait instabilité et occasion de faire des affaires dans le sang.

Des communautés transfrontalières, notamment, doivent savoir qu'au-delà d'une frontière d'un État, ce n'est plus chez eux nonobstant l'appartenance à une même tribu dans un pays en face.

Des pays d'Europe ont aussi connu des tribus, des royaumes, des empires... dans leur histoire. Dans leurs configuration modernes existent aussi, et encore, des communautés transfrontalières sans que cela soit causus belli. Il existe une Flandre française, une Région alémanique Belge, une Suisse italique..., et personne n'imaginerait la Belgique s'attaquer à la France, l'Allemagne à la Belgique, l'Italie a la Suisse..., au motif de revendications territoriales communautaires de certains de leurs ressortissants. Pourquoi ce qui est respecté en Europe ne peut l'être en Afrique.

La RD Congo, ici pays en exemple, est victime d'un d'ethnocentrisme régional qui ne se cache pas. Avec le soutien de certaines puissances étrangères anglophones, réfugiés et apatrides s'y sont transformés en bourreaux de leurs hôtes d'hier, oubliant que, ce faisant, ils scient sur la branche sur laquelle ils sont perchés. Massacres et génocides sont imprescriptibles ; leurs enfants en subiront des conséquences. En effet, la donne ethnique ne paye qu'à court-terme ; les belliqueux immigrés doivent le savoir.

Tous les immigrés dans le continent africain doivent plutôt, chacun, interroger leur histoire personnelle ; se demander pourquoi, ils avaient fui leurs pays natals et leurs ethnies, et si ce n'était pas à cause des conflits tribalo-ethnique. Car si ethnies et tribus étaient aussi parfaites, pourquoi avoir alors fui et franchi des frontières !

Réfugiés et apatrides en pays africains voisins devraient plutôt défendre « leurs intérêts » dans des pays où ils se sont établis. Ils doivent y contribuer à la promotion de l'unité nationale qu'à la démolition de nations. À défaut, à eux de retourner aux origines, car on ne peut servir deux maitres à la fois ; on ne peut pas vouloir une chose et son contraire.

L'Africain doit apprendre à réfléchir avant d'agir, et cesser d'être continuellement ridicule ; sans quoi il tombera à tous les coups dans des pièges tendus par des étrangers dont l'unique dessein est l'avilissement et l'exploitation du continent africain. Miser son avenir sur des archaïsmes obsolètes est on ne plus hasardeux à l'ère de la rapide circulation des personnes et des biens, et de « l'Intelligence Artificielle ».

Dans des grands pays africains, comme la République du Congo ici en exemple, la promotion des « Consciences Nationales » doit être faite sur du concret, sans quoi il n'y aura ni fidélité à la Nation, ni respect des biens publics, ni respect des uns et des autres entre concitoyens. Peut-on un instant imaginer des « Unités Nationales vraies » avec des dirigeants dits nationaux, mais qui pensent leurs tribus d'abord ? C'est la grande question.

6. GESTION DES ETATS A L'AFRICAINE

La centralisation des pouvoirs ne correspond pas du tout à l'esprit d'exercice des pouvoirs dans l'Afrique traditionnelle. En effet, des grandes questions sociétales étaient débattues sous « l'arbre à palabres » en pays chauds, et en «

case à palabres » en pays pluvieux. Des Chefs, avec des sous-chefs venant des clans différents, se réunissaient pour en débattre et décider. Les décisions qu'ils prenaient étaient alors légitimes et opposables à tous.

L'Afrique traditionnelle bantoue, par exemple, était grandement décentralisée. La gestion de l'espace était plurielle, celui-ci reparti en plusieurs pools linguistiques (chefferies et leurs tribus), et tout allait pour le mieux. Chacune avec son dialecte, ses cultes des ancêtres, et activités spécifiques (la chasse, l'agriculture ou l'élevage, …), les tribus constituaient des composantes des « nations ancestrales ». Chaque individu savait ce qui était permis, et ce qui était tabou, chez lui comme chez ses voisins, et s'y tenait.

Des « règles de Vie en commun », orales certes, étaient aussi là, et elles étaient respectées par tous. Les peuples africains avaient globalement, et harmonieusement, vécu dans ce système souple, en harmonie avec la Nature, jusqu'à l'arrivée des Blancs. On n'avait jamais assisté à des génocides comme c'est d'actualité.

C'est la violation de ce mode de fonctionnement traditionnel, somme toute démocratique, qui a engendré des potentats, des dictatures, des conflits. Armés par des commerçants arabes, eux-mêmes recrutés par des puissances européennes et américaines, des chefs coutumiers avaient inauguré l'autoritarisme, en oubliant l'intérêt général. Ils avaient privilégié leurs égo, et des cadeaux trompeurs reçus des commerçants arabes, et s'étaient ligués contre leurs peuples, jusqu'à « vendre », dans une violence inouïe, leurs propres jeunes robustes à des étrangers, dans le cadre du commerce triangulaire, pour leur profit. Des peuples libres et solidaires, jusqu'au dix-huitième siècle, débutaient alors leur très long chemin épineux dans le Monde. Il est clair que les grands malheurs de l'Afrique ont commencé avec le débarquement des étrangers sur le continent ; c'est l'Histoire.

Les étrangers avaient emmené l'esclavage des

jeunes Noirs robustes pour commencer. Ils étaient passés aux colonisations et pillages des richesses ensuite. Forcés, ils avaient, à contre-cœur, accordé des indépendances dans les années soixante. Et, pour ne jamais déguerpir du continent, ils ont instauré des cycles de déstabilisations à n'en pas finir en utilisant des traitres africains : coups d'États et dictatures, pays voyous africains, milices criminelles, invasions des États souverains et pillages barbares...

Illégitimes, ces traitres africains avaient centralisé des pouvoirs pour écraser toute forme de contestation dans des pays. C'est bien cette « centralisation des pouvoirs à outrance », devenue l'héritage de tous les chefs suprêmes successifs en Afrique, qui a abouti aux dégâts qu'on déplore partout au quotidien : abandon de l'agriculture, exodes ruraux, émigrations des jeunes, fuites des cerveaux...

L'Afrique ancestrale, agressée, n'avait rien demandé à personne : ni civilisation, ni religion, ni charité. Elle avait vécu heureuse dans son système ; elle n'avait pas connu des famines, des enfants de rues..., elle n'avait pas besoin des blingblings dits modernes. On peut affirmer que c'est l'Afrique qui donne. N'eut été son apport, bien des peuples seraient encore dans leur 19ème siècle de malheurs, avec son cortège de famines et d'épidémies de peste et de cholera...outre-mer.

Dès lors, pourquoi au vingt-et-unième siècle, des dirigeants africains attendent des « décisions de l'ONU » avant de réagir et agir face aux urgences sur leurs territoires, sachant que cette ONU est sous la coupe de puissances prédatrices ! Comment arrivent-ils encore à penser que des bureaucrates des grandes institutions, dites internationales, des bourgeois constipés en fêtes continuelles, puissent interrompre leurs festins pour des misérables peuplades lointaines d'Afrique : Angolais, Libériens, Libyens, Soudanais, Yéménites, RD Congolais, Rwandais, Somaliens... ! Il faut cesser de rêver.

Le qualificatif « Homme fort », attribué et prononcé avec beaucoup de respect et d'admiration par des médias étrangers, lesquels caressent les dictateurs africains dans le sens du poil, n'est-il pas intentionnellement utilisé pour conforter ces derniers dans leurs folies des grandeurs, et mieux les instrumentaliser ! Une chose est sûre, ces « hommes forts » à la solde des pays prédateurs, ont tous échoué en Afrique. Une profonde rétrospective des passés ancestraux des « Afriques », avec études des architectures sociétales de l'époque, doit inspirer des futurs modèles de gestion des États à l'africaine. L'Afrique ne peut continuer à chausser souliers inadaptés ; il faut du sur mesures pour ne pas souffrir.

VIII.   VALEURS AFRICAINES

Par leur génie propre, des peuples d'Afrique sont arrivés au 18-ème siècle organisés et en bonne santé. Ensuite, malgré les affres de l'esclavage et du colonialisme racistes, ils ont survécu. Les africains ont pu résister à tous les assauts et coups successifs ! Et, actuellement, ils comptabilisent la plus importante population jeune de la Planète. Dans des campagnes reculées, des paysans continuent à coexister à la traditionnelle, en respectant des codes hérités des ancêtres, et ils vivent très bien par eux-mêmes ! Ils n'ont point été exterminés, ni par des maladies, ni par des meurtrières dictatures successives qui ne se sont jamais occupés d'eux ; c'est l'évidence, le Noir africain est robuste, très fort de nature.

Si une infime partie des dommages subis par l'Afrique noire, suite à des interventions étrangères ravageuses, était survenue ailleurs dans le monde, la quatrième guerre mondiale aurait déjà eu lieu.

Des Africains, il y en a qui périssent ci et là facilement néanmoins, surtout dans des villes et à l'étranger ; et pour cause, ils ont renoncé aux codes de Vie de leurs ancêtres en adoptant mentalités, régimes alimentaires, mode de vie… d'autrui. Et pourtant il existe des valeurs ancestrales africaines qui devraient inspirer plus d'un dans l'élaboration des projets alternatifs de « gestion de la chose publique » en Afrique.

1. L'ÉQUITÉ

L'Afrique traditionnelle était équitable ; chaque communauté y vivait ses coutumes sans interférer avec celles des voisins ; et les cohabitations étaient harmonieuses dans la majorité des cas. Certes le « Chef » avait le dernier mot mais, avant de décider, il réunissait le conseil de Tribu, de clan, ou de village selon le cas.

Le « Muntu » – l'Humain – était le centre de tout. Un « Humain » en valait un autre dans la culture bantoue, et c'était justice. Dans cette conception du Monde, la représentativité des uns et des autres était garantie. La suprématie de la société sur l'individu était la règle ; en aucun cas l'individu ne devait écraser le groupe, et une justice sociale minimale était ainsi garantie à tous.

Dans des États africains modernes, des notions de « salaire minimum, revenu universel… » devraient avoir un sens ; car elles répondent exactement à l'esprit de la valeur « Équité » en Afrique, chaque individu ayant droit à « une vie » en société.

Ce sens de l'équité devrait habiter tous les dirigeants africains modernes, et les pousser à garantir l'essentiel aux populations majoritaires, à savoir les soins de santé, les écoles, les infrastructures… Un dirigeant qui intègre cette valeur ne détournera jamais le dénier public.

2. LE RESPECT

Le respect des ainés, le respect d'autrui, et le respect des biens communautaires, accompagnaient des sociétés bantoues. Corolaire de l'équité, le respect faisait partie des mœurs de la plupart des sociétés africaines traditionnelles. Les vieux étaient considérés comme détenteurs du savoir et de sagesse ; ils bénéficiaient d'un respect sacré. Manquer de respect ou contredire un « vieux » était un tabou ! Et les vieux faisaient tout pour mériter ce respect. Du respect des biens communautaires, chacun assumait sa part de responsabilités. C'était des propriétés de tous, car il n'y avait pas de propriétés privées. Chaque famille du clan avait le droit d'y cultiver et récolter, et ce à tour de rôle. Personne n'avait le droit de s'accaparer de terres communes du clan pour lui seul. C'était sacrilège, et des forces secrètes du clan y veillaient avec sévérité.

Quand on observe des comportements des africains contemporains, il y a de quoi désespérer. Dès qu'ils ont une parcelle de pouvoir, ces dits dirigeants modernes deviennent méprisants avec des paysans, des vieux, de tout le monde... Et ils s'autorisent à vider des caisses des États à leur seul profit !

Éduqués à la valeur « Respect » d'autrui et des biens communautaires, des nouveaux dirigeants africains devraient adopter des lois qui soient compatibles avec l'harmonie en société.

Pour une cohabitation pacifique, la « valeur respect d'autrui et des biens » devrait être intégrée par des dirigeants africains des temps modernes.

3. L'ACCUEIL

Dans l'Afrique Bantoue, tout humain était un frère ou une sœur. Et d'où qu'il vienne, il était obligatoire de l'accueillir, de le nourrir et de le protéger. Dans des villages bantous perdus, l'étranger qui arrive sans rien est encore nourri et hébergé gratuitement par l'habitant. Partant de chez lui, un étranger peut sans un sou voyager loin dans des campagnes reculées.

Dans beaucoup des tribus, l'étranger, quasi toujours un homme, était accueilli dans la grande case au milieu du village. C'est là que les hommes se retrouvaient avec le chef. Des épouses y emmenait les repas destinés à leurs époux, et ceux-ci partageaient avec tout le monde. Le visiteur de passage mangeait comme les autres sans rient débourser. Les restes des nourritures étaient gardés sur une étagère dans la case à l'intention d'un éventuel étranger de passage. Et qu'il y ait quelqu'un ou pas dans la grande case, ce dernier y entrait et se servait à boire et à manger avant de continuer son chemin. Si tard pour continuer, le chef du village lui trouvait un toit pour la nuit.

Dans ce même esprit d'accueil, des bergers étrangers, souvent de cultures différentes, avec des bêtes en transhumance, étaient gratuitement autorisés à faire paitre leurs animaux dans des prairies claniques. C'était une coutume très altruiste ; plus humain et plus civilisé que ça, on aimerait voir.

La RD Congo, pays africain bantou ici en exemple, avec quelques neuf pays voisins, aura payé un prix lourd pour son accueil ! Des nomades venus des pays voisins avec des vaches en transhumance, et des fuyards de guerres, y avaient été accueillis en frères. Mais ces étrangers s'étaient mis à vouloir imposer leur diktat à leurs hôtes ! La situation était dès lors devenue conflictuelle, et des guerres sanglantes en étaient découlées jusqu'à ce jour ! S'il y' a un pays qui devrait avoir des partis d'extrême droite, anti-étrangers, c'est bien la RDcongo. C'est dire que l'accueil d'étrangers dans des États africains, Noirs soient-ils, doit être contrôlé afin de s'éviter des conflits liés à des chocs des mentalités.

La valeur « accueil » est à défendre malgré tout. Elle devrait être bien comprise par les nouveaux dirigeants de l'Afrique moderne, qui devraient mettre des balises vu le grand nombre de criminels, officiels et clandestins, qui transgressent des frontières des États, et des codes ancestraux de coexistence pacifique, au sein du continent.

4.   LA SOLIDARITÉ

Dans des contrées très reculées d'Afrique, des peuples vivent encore en symbiose et s'entraident. La « solidarité » est quotidienne chez eux ; elle accompagne toutes leurs journées, que ce soit pour défricher des champs, planter, récolter, construire des cases... Tout le monde se cotise pour qui est dans le besoin, et réciproquement ; il n'y a pas de capitalistes qui exploitent, ni des parasites qui vivent à la sueur d'autrui.

La valeur « Solidarité » est inspirante à plus d'un titre en Afrique. Un individu habité par cette valeur ne peut en aucun cas s'emparer du fruit du travail des autres, ni voler une caisse publique pour lui tout seul.

« La Solidarité Africaine », tant chantée par des Noirs, n'est plus qu'un vieux souvenir ! L'égoïsme importée, et la corruption instaurée, ont fini d'infecter tout un continent. Népotisme et clientélisme, qui y sévissent, constituent une honte à mettre au passif des États centralisés.

En RD Congo, pays ici en exemple, cela est patent ; ce sont des autocrates autistes, au service des puissances étrangères, qui ont successivement sévi, et pris tout un pays en otage depuis des décennies. Ils ont chacun volé jusqu'à devenir plus riche que le pays même ! Des politiciens kleptomanes y vident des caisses de l'État. Des présidents y touchent des millions, des ministres et des députés des dizaines des milliers de dollars par mois. C'est un système qui autorise les responsables à fixer eux-mêmes leurs salaires ; et la première chose que font des nouveaux, dans des cabinets ministériels, consiste à doubler voire tripler leurs propres rémunérations, malgré la maigreur du budget national. Et des ministres d'y toucher plus que ceux des pays richissimes du monde. Les frais de fonctionnement de la Présidence, et des Ministères, consomment à eux-seuls alors plus de 60% du budget national !

Seuls ceux qui accèdent à des postes de pouvoir ont droit à des retraites dorées (ex présidents, ex premiers ministres, ex sénateurs…), et les autres rien ! Et dans ce même pays, voler de maigres paies des enseignants, des militaires, des soignants …, est chose courante

Cela montre le degré de perte de la valeur « Solidarité » en Afrique noire. On assiste carrément à des « néocolonialismes nègres » contraires aux valeurs africaines. Tout nouveau dirigeant africain devrait intégrer cette valeur « Solidarité » dans sa conscience professionnelle ; et ne volera plus.

5. LE PARTAGE

Le « partage » allait de soi dans l'Afrique ancestrale solidaire. Tout était partagé dans des sociétés bantoues, par exemple. Les terres étaient des biens communs aux clans et tribus ; et autant pour les récoltes qui étaient consommés en communauté. Des produits de la chasse, et de la pêche, étaient aussi partagés. Il était mal vu de « manger seul », d'où la coutume de manger à plusieurs dans un même grand plat.

Un gibier était découpé en plusieurs parts, parts distribuées à des familles selon une hiérarchie définie dans des villages (les ainés, les oncles et les tantes, les cousins et cousines les neveux et nièces…). Le chasseur qui a ramené le gibier devait même se contenter de peu s'il était bas hiérarchiquement. C'était donnant donnant toutefois, chaque habitant devant à son tour apporter du sien pour le même partage dans son village. Il n'y avait ni confiscation, ni détournement à son seul profit.

Et de voir des dirigeants africains, dits modernes, brader des richesses et des patrimoines de tout un pays au profit des mafias étrangères, et d'eux-mêmes, prouve que l'Afrique a vraiment perdu son âme, qu'Il faut réhabiliter ses valeurs originelles.

Des rémunérations des présidents, des ministres, des députés, des sénateurs…devraient être raisonnables et justes, c'est-à-dire proportionnelles à celles des enseignants, des militaires, des professeurs, des médecins et agents sanitaires…Il n'est pas compréhensible de se dire « parlementaire » et de voter des lois qui favorisent des individus au détriment de la société. Les tensions salariales doivent être raisonnables dans des pays, au risque de faire croire qu'il n'y a qu'en politique qu'on peut réussir. Un pays ne peut pas être compris comme la propriété privée des seuls politiciens.

Des Lois strictes doivent donc encadrer la redistribution des richesses dans des pays africains, et surtout interdire aux politiciens de se fixer des salaires à leur guise.

Des futurs dirigeants africains doivent épouser la valeur « Partage » dans la gestion de leurs secteurs ; à défaut, se désister en faveur de plus humains, de plus sociaux qu'eux.

6. LA LOYAUTÉ

La confiance en l'Humain était la base des rapports humains dans des sociétés africaines ancestrales bantoues. S'il y avait une vertu adoubée dans l'Afrique des ancêtres, c'était la loyauté. La loyauté devait se manifester envers ses parents, la famille, et tout bienfaiteur. C'est le « Muntu », l'Homme social, qui était les centres du monde. Toute ingratitude à son égard était très mal vue. Dans ces sociétés ancestrales, l'Homme n'était pas esclaves des biens matériels, car tout appartenait à tous ; il n'y avait pas besoin de tricher, de trahir ! La valeur « Loyauté » pourrait inspirer tous les architectes de modèles alternatifs de gestion de la chose publique « à l'africaine ».

Le nombre des traîtres au continent dépasse tout entendement en ce début du 21ème siècle dans l'Afrique dite moderne ! Ces traitres sont avant tout des chefs d'États, puis des ministres, des députés, des sénateurs..., et ces personnages immoraux vont jusqu'à troquer des pays, et des régions entières, au profit des vampires étrangers.

En RDCongo, ici en exemple, des étrangers entrent pieds nus et repartent milliardaires ; c'est le paradis des Libanais, Indiens, et maintenant des Chinois mal identifiés…, qui tous magouillent sous couvert des présidents, ministres, et autres généraux corrompus des armées.

Il est temps de réhabiliter et d'enseigner à la jeunesse africaine ce qu'est la « Loyauté » envers son pays et son peuple. Sans quoi, tout sera perdu et irréversible d'ici quelques générations ; et l'Afrique deviendrait un espace pire que maintenant, c'est-à-dire sans foi ni loi.

7. L'HONNEUR

Il fallait mériter le respect en société dans l'Afrique traditionnelle. La réputation de l'individu engageait aussi celle de sa famille.

« L'Honneur » était un attribut attaché aux personnes dignes de toute confiance et très respectée. À part des individus de rares entités spécifiques, où c'était une prouesse que d'aller voler une bête (chèvre, mouton…) chez des voisins, pour être reconnu comme « un homme capable » d'avoir une femme, et digne de se marier, dans la majorité des sociétés bantoues traditionnelles, il était inimaginable de prendre pour chef un voleur ou autres criminels. Ces derniers étaient d'office physiquement anéantis par des forces secrètes de la tribu. Aucun individu ne se permettait donc pas de bomber le torse d'orgueil parce qu'il avait volé ou tué. Des dirigeants se suicident s'ils sont pris la main dans le sac ailleurs dans le Monde ; plus en Afrique !

En République Démocratique du Congo, ici pays en exemple, la perte du sens de « L'Honneur » est caricaturale. Des détourneurs du dénier public ne se cachent pas, bien le contraire. Présidents, ils deviennent richissimes en un temps record ; ministres, ils achètent des dizaines d'immeubles en une fois sans que personne ne les interroge ! Et comble de l'absurde, seuls ces voleurs peuvent être candidats lors des échéances électorales, car seuls capables payer des cautions préalables bien dissuasives.

Le message semble donc être de voler pour « réussir », de faire la Politique, profession qui autorise les vols et détournements des biens publics. De là à comprendre la multiplication des partis politiques (plus de trois cents dans le pays), il n'y a qu'un pas.

Dans la capitale Kinshasa, des habitants jalousent des voleurs au lieu de les lapider. Et ces derniers de s'exhiber avec arrogance, qui avec son nombre élevé de maitresses, qui avec son convoi de véhicules de de luxe… Et chacun de mobiliser « sa tribu » comme bouclier contre des critiques et poursuites judiciaires. Ceci montre la profondeur de l'immoralité, du manque d'honneur, dans laquelle ce pays tombé. Qu'il tourne à l'envers, il n'y a pas à s'en étonner.

Les futurs dirigeants africains, et les tribus, doivent impérativement recouvrer « Le Sens De l'Honneur ». La valeur « Honneur » doit être intégrée dans des serments que prêteront des futurs dirigeants africains.

8. LA SANCTION

La peur de fauter était permanente dans des

sociétés africaines bantoue. Et pour cause il y avait « la sanction ». Délits et sanctions étaient liés et chaque individu en était informé dès sa tendre enfance. « A délit donné, sanction spécifique », telle était la marche des choses.

Des criminels n'avaient pas leur place dans des sociétés africaines bantoues ; voleurs, assassins...étaient bannis. Ils devaient fuir très loin de leurs villages au risque de périr de mort mystérieuse ; car il n'existait pas de prisons pour eux dans l'Afrique ancestrale rythmée d'interdits et de tabous.

Le crime était individuel, mais le déshonneur familial. La famille était la première à maudire l'enfant perdu ; en aucun cas elle ne le défendait contre l'évidence. Pour des délits mineurs, la famille se pressait de vite payer des sanctions coutumières établies pour se racheter : vaches, chèvres, poules, perles..., selon la tribu. La famille et le clan ne couvraient pas des crimes d'un des leurs ; ils sévissaient.

En RD Congo, ici pays en exemple, l'impunité est

la règle consacrée par des tribus ! Des voleurs des biens publics, et autres criminels, sont applaudis par des tribus pour qui « l'enfant de la tribu » ne devrait en aucun cas être inquiété quoiqu'il fasse ! De là, l'indiscipline dans la gestion de la chose publique n'est plus qu'un jeu. Le pays est entre les mains des êtres hybrides, déracinés, et sans aucune référence de valeurs. Des voyous prétendent travailler pour la Nation, alors qu'ils passent leur temps à commettre des crimes, surtout économiques, dans une totale impunité, sachant qu'un bouclier tribal les protège.

Les futurs dirigeants africains devraient s'engager sur l'honneur à démissionner dès qu'ils sont suspectés de délits, et laisser la Justice faire librement son travail sans pressions tribales ou régionales. Ils doivent savoir que la parole est d'or et la signature d'honneur.

Reconnaitre ses torts, et en assumer les conséquences, c'est cela être un Homme d'honneur ; il est temps de l'enseigner à tout futur dirigeant africain.

IX.   PERSPECTIVES POUR L'AFRIQUE

Qu'il est énorme le fossé qui sépare des pays d'en haut de ceux d'en bas en Afrique ! La corruption des « chefs », et l'individualisme importé sur le continent font des ravages. A-t-elle, l'Afrique flouée et déstabilisée depuis des siècles, tiré des leçons de son passé volé ! A-telle mesuré son vrai potentiel en vue de se libérer, et se reconstruire selon ses propres normes dans un monde fondamentalement malhonnête et criminel ! Pourra-t-elle enfin se sortir des griffes des prédateurs, ou va-t-elle continuer à s'immoler sur l'hôtel des potentats, internes et externes, qui l'acculent dans une misère sans fin ?

Ayant beaucoup appris de leur très douloureuse Histoire, des peuples d'en bas rêvent de bonne gouvernance dans leurs espaces vitaux en Afrique ; ils rêvent d'avoir des dirigeants proches d'eux.

Les populations n'acceptent plus cette voyoucratie des dirigeants qui leur disent « je ne savais pas » ou « on ne pouvait pas faire autrement ».

Chaque Afrique doit obligatoirement s'inspirer de ses valeurs traditionnelles positives pour générer son propre modèle de gestion de l'État, et se reconstruire ; c'est une question de volonté politique.

Une gestion plurielle de la chose publique, inspirée des valeurs ancestrales, serait plus compatibles aux pays que des modèles importés, et indigestes, qui ne sont que des échecs sur terrain africain. En fait, chaque région et peuples devraient s'épanouir dans leurs environnements naturels sans devoir subir des diktats imposés de l'intérieur ou de l'extérieur.

Des ruraux enclavés veulent aussi s'organiser et se reconstruire chez eux. Ils ne peuvent plus continuer à attendre des solutions lointaines face à leurs urgences quotidiennes. Le modèle colonial centralisé, adopté par des dictateurs africains, consistant à tout régenter à partir des seules capitales, a creusé leurs tombes, et ils veulent en sortir. Ayant essayé en villes, et déçus des exodes ruraux sans lendemains, ils exigent un retour à leurs terres. Continuer à végéter autour des villes surpeuplées n'est pas une vie. Ces ruraux, tentés et aspirés par des centres urbains, suite aux propagandes des dictateurs, sont complètement déçus. Ils sont prêts à rentrer chez eux à condition qu'on y assure la paix, et y réalise des infrastructures. Ils ne veulent plus s'y retrouver pour recommencer à attendre désespérément le passage hypothétique d'un président, ou d'un ministre chez eux, pour bénéficier d'un dispensaire, d'une route, d'une école, du courant…

Quand l'on sait qu'il n'y a rien à attendre des émissaires venant des lointaines capitales, émissaires par ailleurs corruptibles à merci, particulièrement en situations de conflits communautaires, on comprend la réticence des ruraux. Beaucoup d'envoyés des gouvernements, non originaires des régions à problèmes, traitent à la légère des problématiques auxquels ils ne comprennent rien allant jusqu'à les aggraver.

En RD Congo, ici pays en exemple, des pouvoirs successifs de Kinshasa avaient prétendu tisser d'en haut une Nation congolaise unie. Mais c'était comme construire des murs sans fondations.

Malgré des alertes répétées des autochtones de l'Est, sur des infiltrations d'étrangers dans le pays, ces pouvoirs lointains (à 2500 kilomètres de là à vol d'oiseau) avaient fait sourde oreille. Et des émissaires de Kinshasa, des corrompus, avaient même pactisé avec l'ennemi, non concernés qu'ils étaient par des conflits qui se déroulaient loin de de leurs tribus et régions d'origine. Et cette partie du pays de flamber à partir de 1996 : invasions armées, pillages, viols, génocides et colonies de peuplements étrangers... Résultat : les pouvoirs de Kinshasa n'arrivent plus à endiguer le mal, et le feu n'est pas près de s'éteindre.

Prise en tenaille entre des dictateurs irresponsables, et des prédateurs étrangers impitoyables, l'Afrique a intérêt à réhabiliter

« l'Homme dans son Milieu », les pouvoirs établis étant dépassés par les évènements. Le continent doit respecter les peuples, leurs milieux naturels, et les aider à s'y sentir bien. Avoir cru que tous les Noirs sont pareils, qu'on pouvait les brasser comme du bétail, était du « racisme » démenti par l'Histoire. Régions et cultures étant polymorphes au sein des États africains ; il faut les respecter, s'y adapter. Ce ne sont pas des pouvoirs qui font des peuples, mais des peuples qui font des pouvoirs.

En s'inspirant des réalités régionales et sociologiques internes, les États africains peuvent s'ajuster, et prévenir injustices, népotismes, conflits...

Quel sera le destin des pays insolvables, des États en faillite totale, où rien ne fonctionnera plus, sans infrastructures, où des travailleurs ne seront pas payés, avec des peuples crevant de faim ? Il n'y aura que deux issues pour eux: métamorphose ou dissolution. Les prédateurs s'acharnent à obtenir de rapides dissolutions des

États en Afrique.

1. UNITARISME OU FEDERALISME

C'est l'éternelle controverse en Afrique. Les « Afriques » doivent se reconstruire pour survivre. Les Africains sont obligés d'agir à leur façon, et avec leurs propres moyens, pour défendre et protéger leurs intérêts en tout, partout, toujours, et contre tous dans le Monde.

Le destin des peuples se mesure à leur cohésion interne. Le bilan existentiel de l'Afrique n'est pas du tout reluisant, surtout depuis les indépendances ; on y enregistre plus de guerres que d'entreprises ! Les espoirs exprimés à cor et à cris dans les années soixante ont fondu comme neige au soleil ; aucune région d'Afrique n'a enregistré de développement socioéconomique intégré. C'est partout le désastre. Quel chemin donc pour l'avenir ?

Des « Unitaristes », qui règnent quasi partout depuis les indépendances, plébiscitent les « Hommes Forts », les pouvoirs centralisés, comme garantissant l'Unité nationale ! Ils se prétendent nationalistes à l'opposé, des « Fédéralistes » qui, eux, rêvent d'instaurer une gestion plurielle de la chose publique à tous les niveaux.

Déçus par les premiers, des peuples ne veulent plus placer leurs destins entre des « Hommes seuls », des dictateurs centralisateurs qui les ont ruinés.

Entre vrais unitaristes et fédéralistes convaincus, vogue une foule d'opportunistes impénitents, sans idéal, à la chasse des postes ministériels quel que soit le système politique en place. C'est à un combat sans merci entre ces forces centrifuges que des peuples assistent depuis les indépendances des années soixante ; et tous parlent de « CHANGEMENT » !

Pour beaucoup, changement signifie l'accession à la magistrature suprême de quelqu'un de leur tribu ; ils vendraient même une partie du pays pour y parvenir. Le pays est juste une caisse ouverte, où ils rêvent de puiser en faveur de leur seule tribu ; et tant pis aux dégâts ailleurs.

La centralisation du pouvoir est dans la droite ligne de « la cueillette traditionnelle », chacun prenant dans la caisse comme du fruit sur un arbre sauvage. Tout le contraire du Fédéralisme qui exige à chacun de planter avant de récolter et de jouir.

En RDCongo, ici pays en exemple, la première Constitution, dite de Luluabourg, avait opté pour le « fédéralisme », vu les mentalités et la dimension du pays. Mais avec son coup d'État de 1965, Mobutu avait piétiné ce texte fondamental, et instauré une centralisation dont les Congolais dégustent encore l'amertume au quotidien. Comme quoi, occulter l'évidence et on le paie ensuite.

2. MÉDIOCRITÉ POLITIQUE GÉNÉRALE

Des chefs coutumiers, et autres clochards politiques, se dédouanent toujours quant à leurs comportements médiocres dans des pays. D'hier, ils disent qu'ils ne pouvaient rien à cause des «

Partis Uniques » et, d'aujourd'hui, qu'ils sont réalistes, impuissants face aux rapports de forces. Au grand jamais, ils n'assument leurs propres responsabilités dans la déroute des États ! Beaucoup étant socialement déracinés, complètement déréglés, ces soi-disant chefs coutumiers et politiciens ont perdu tous les repères moraux d'une société africaine.

En RDCongo, ici pays en exemple, on rencontre une clique de dirigeants qui n'hésitent pas à s'emparer, sans hésitation ni remord aucun, de toute la caisse publique de l'institution qu'ils dirigent, comme s'ils confondaient les dollars avec des cacahouètes dans un sachet, ou des millions avec des bananes dans un panier ! Même le plus naïf des habitants se pose des questions sur ces dangereux personnages.

Des « sages » des « mutuelles tribales » battent campagne partout ; et ces gourous sont à la base des affrontements inter-tribaux. Même si l'Afrique éduque au respect des aînés, ce genre de personnages ne mérite aucun respect. Tout le monde les suit pourtant, illettrés comme intellectuels ! La peur de la marginalisation tribale est plus forte que le courage démocratique. L'avenir commun du pays n'est en aucun cas dans les agendas des mutuelles tribalistes.

Dans un contexte où la médiocrité triomphe sur l'intelligence, où des traditions veulent régenter le moderne, la confusion est totale. Mais la réalité est la réalité, il faut faire avec. La politique de l'autruche ne fait que reporter des problèmes au lieu de les résoudre ; or l'Afrique n'a pas de temps à perdre.

Il faut donc intégrer le « Fait Tribal » c'est à dire « la Tribalité », dans des reconfiguration internes des futures régions au sein des pays, sans toutefois toucher aux pays tels qu'ils existent depuis la Conférence de Berlin en 1885.

3. MALÉDICTIONS AFRICAINES

On n'a pas cessé de le dire, le tribalisme est une véritable malédiction en Afrique ; c'est une endémie. Ce « racisme africain » ne se nourrit que de l'exclusion systématique de l'autre.

En RD Congo, ici pays en exemple, le tribalisme est l'une des causes des malaises et conflits récurrents. Au lieu de s'unir pour des revendications, et intérêts communs, souvent de grandes tribus de mêmes régions, se divisent systématiquement. Dès qu'il y a attribution d'un poste de pouvoir à leur région, des leaders se trahissent à qui mieux mieux, se combattent, voire se battent publiquement ! Dans certaines régions, des gouverneurs, qui se succèdent, sont toujours de mêmes tribus, qu'ils soient compétents ou pas. Les Africains dépensent beaucoup d'énergie à se haïr qu'à construire ensemble.

Des néo-colons, qui maîtrisent l'ethnologie, et donc des mentalités africaines région par région, ne se privent pas d'en user à leur avantage ; ils divisent pour régner. Le Génocide au Rwanda en 1994, et des Crimes contre l'Humanité en cours en RD Congo, au Soudan, en Centre-Afrique, en

Libye…, sont des vivantes illustrations de cette malédiction qu'est le « tribalisme ».

La cupidité, la soif effrénée de l'argent tue les élites africaines du Nord eu Sud et d'Est à l'Ouest ; c'est l'autre malédiction majeure. Dès qu'ils gèrent des fonds publics, c'est toute la caisse qu'ils emportent ; dès qu'il y a odeur d'argent, c'est l'excitation ; et ils sont prêts à tout, à ventre mère et terre même.

Des détournements des biens publics constituent l'autre visage de cette malédiction qui conduit l'Afrique à l'abîme. Ce sont des chefs d'États africains qui sont les premiers auteurs des pillages dans des pays ! Certains prennent le pouvoir pieds nus, et en repartent milliardaires. Et comme l'exemple vient d'en haut, tous leurs collaborateurs imitent ; et c'est la déconfiture pour des économies nationales, et la misère du plus grand nombre.

L'impunité est l'autre malédiction du continent. Que ce soit au niveau local, régional ou panafricain, elle règne en maître. Même devant l'évidence, aucune mesure n'est jamais prise contre des criminels majeurs. Les prisons sont remplies des petits voleurs de bananes, alors que des criminels majeurs circulent librement sur le continent.

Des pays agressent d'autres, et l'UA ne dit mot ; on n'a jamais entendu qu'un pays africain a été sanctionné par l'UA pour avoir transgressé des frontières d'autres en Afrique ; des crimes contre l'Humanité sont rapportés dans le même contexte, et aucune réaction non plus! Comment l'UA peut-elle donner des leçons de morale à la jeunesse africaine dans ces conditions !

5. VERS DES REGROUPEMENTS IDÉOLOGIQUES

Pourquoi toujours courir derrière des « intérêts disparates » au lieu de s'unir en Afrique ! Depuis qu'on les a divisés, les africains ne se retrouvent jamais autour des idées et intérêts communs ; ce serait les seuls peuples qui n'en ont pas conscience !

Aucune tribu africaine n'a de « banque tribale », aucune tribu ne paie des loyers, des écoles des enfants, des factures…des membres de la tribu. La logique économique moderne imposerait de se tourner vers autre chose que la tribu pour résoudre des problèmes. Et quoi de mieux que de rejoindre des personnes avec des mêmes intérêts que soi, et ensemble se constituer en « Regroupements » d'intérêt au-delà de son petit cercle tribal. Que ces intérêts soient idéologiques, économiques, culturels…, ils constitueraient le trait d'union entre partenaires d'origines diverses. Ces regroupements d'intérêts ne sont pas à confondre avec des mutuelles tribales. Ils peuvent être des syndicats, des lobbys, des coopératives…Ils peuvent aussi être des partis politiques.

Des personnes d'origines différentes, qui adhérent à une même « vision » de la société, peuvent, ensemble, se présenter devant l'électeur pour vendre leur programme. Ces partis politiques à programmes doivent être répertoriés, enregistrés, et légalisés. Des critères stricts devront néanmoins précéder leur agréation : précision des idéologies, seuils de représentativités régionale et nationale, moralité des dirigeants, et sources des financements...

En RD Congo, ici pays en exemple, on rencontre de soi-disant partis politiques, soit constitués de deux personnes, époux et épouse, soit claniques ou mono-tribaux ; et pour ajouter à la confusion, certains partis sont carrément homonymes ; et tous chantent « Unité Nationale !

Les idéologies et programmes de ces partis politiques demeurent inconnus du public. Ces partis ne servent que de leviers pour accéder à des postes de pouvoir lors de formations des gouvernements après des élections toujours truquées.

Une sérieuse dépollution du champ politique est impérative en RDCongo ; en écartant tous les partis voyous, des chômeurs professionnels en quête des postes et d'argent facile, qui perturbent des débats pour se faire remarquer, il y aura un gain de temps précieux au parlement. Et des partis politiques cesseront d'être des foyers à monologues et complots tribaux contre autrui.

Une rationalisation d'agréation des partis politiques obligera aussi des grandes tribus à composer avec des petites pour atteindre des seuils de représentativité et d'admissibilité fixés par la Loi.

Cela dit, des minorités devront aussi respecter les règles du jeu démocratique. Elles auront le choix de s'allier à des regroupements de leur choix pour accéder pacifiquement au pouvoir. Les présidents Mandela l'avait fait en Afrique du Sud, et Obama aux États-Unis.

En RD Congo (Zaïre à l'époque), ici pays en exemple, démonstration a été faite de dérive minoritaire à la fin du 20éme siècle. Pour se protéger des autochtones, le président Mobutu s'était entouré d'immigrés venus d'un pays voisin. Ces derniers eurent la mainmise sur des dossiers stratégiques de l'État. Et le moment venu, ils le trahirent. Ils avaient carrément pris des armes, en intelligence avec leur pays d'origine et des puissances étrangères anglophones. Le Zaïre fut envahi et Mobutu avait détalé en larmes, après trois décennies de pouvoir sans partage. Ses gémissants derniers mots avaient été « Ils m'ont poignardé dans le dos… ! ». Et il était mort et enterré en exil. Et, d'une pierre deux coups, profitant de la confusion installée, ses pourfendeurs avaient avancé des revendications territoriales en terres congolaises de l'Est. Ce qui avait déclenché une guerre qui court encore.

L'absence quasi-totale des regroupements professionnels, culturels, et autres lobbys puissants dans des pays, fait le lit des replis tribaux. Il faut que ça change.

6. VERS DES DÉCENTRALISATIONS

Il y devrait à l'avenir y avoir autant de Fédéralismes « à l'africaine » qu'il y a des peuples et des particularités au sein des pays. Inutile de continuer à chasser le naturel, il revient toujours. Comme déjà dit, l'Afrique est un continent, pas un pays, et tous les Noirs n'y constituent pas un seul peuple, mais des peuples divers, comme le sont les Blancs, les Jaunes...au monde. La gestion des communautés multiples implique leur entière participation dans la construction des Nations. Fédérer ces communautés est le moyen optimal pour atteindre cet objectif. Le fond des « Fédéralismes à l'africaine », c'est-à-dire ceux qui tiennent compte des particularités des peuples (Régions, Histoire, us et coutumes...) au sein des grands États africains, répondra à cette préoccupation.

Quitter des gestions verticales à niveau unique (celui des dictateurs) pour des gestions horizontales à niveaux multiples(décentralisations), est à promouvoir. Chaque pays doit tenir compte de ses propres réalités (régionales, démographiques, culturelles, économiques), et puiser dans le passé ancestral de ses populations pour se reconstruire à l'intérieur. Il s'agit d'une urgence politique vu la pente très aigue où l'Afrique glisse vers les abîmes. Inconscient, corrompu et irresponsable, le personnel politique actuel doit être remplacé, évacué.

Les Fédéralismes vont signer le retour d'une ruralité multiple et active au sein des États. Cette renaissance ne sera que bénéfique aux pays actuellement en famine endémique.

Productifs, les paysans vont concurrencer l'étranger, en inondant des marchés intérieurs en produits agricoles et autres ; ce qui favorisera une épargne significative de devises monétaires qui se perdent vers l'extérieur. Et ces devises monétaires pourront être affectées aux financements de nouvelles infrastructures, à l'Enseignement et aux soins de Santé.

« La circulation, c'est la Civilisation » dixit Kipling. Avec des bonnes infrastructures dans des pays profonds, les paysans africains cesseront d'aller végéter autour ou dans des rues de villes déjà surpeuplées ; ils resteront dans leurs terroirs, ce qui diminuera des conflits intercommunautaires onéreux.

Le Fédéralisme est le contraire du "séparatisme" ; le procès qu'en font des « unitaristes » est malhonnête. Ceux-là ne cherchent qu'à semer le doute et la peur, leur unique raison de rejeter la décentralisation étant le refus de ne plus avoir entre leurs seules mains les coffres des États, où ils se servent à volonté et au détriment des peuples. L'argument contraire des unitaristes appelle à se poser des questions :

les Noirs africains sont-ils plus intelligents, et plus heureux, que les Américains, les Allemands, les Belges, les Indiens, les Russes…qui évoluent dans des systèmes fédéraux ? Leurs pays ne sont-ils pas des plus puissants au Monde ? Ne sont-ils pas en tête des pays pour la modernité et la diversité de leurs infrastructures ? Et n'est-ce pas vers ces États fédéraux que l'Afrique tend sa main mendiante depuis des décennies ?

Un grand continent sans routes, sans chemins de fer, sans compagnies aériennes développées…, qui s'entêtent dans des décentralisations suicidaires, au motif de l'Unité nationale, n'est-il pas schizophrène. Comment des pays aux très grandes superficies, comme la RDCongo ici en exemple, avec des peuples très différents, qui ne se rencontrent que très peu, faute d'infrastructures, qui s'ignorent et se combattent parfois, peuvent-ils espérer une unanimité nationale, une vraie « Unité Nationale », spontanée ou décrétée !

La simple logique, n'en déplaise aux centralisateurs des pouvoirs de tous bords, consisterait pourtant à tout simplement confier de parts des responsabilités aux Régions éloignées, habitées par des populations vivant des réalités spécifiques.

Croire qu'en donnant un poste ministériel à un individu issu d'une région d'un pays, et résidant dans la capitale, suffit à la représentativité de ladite région n'est que fourberie ; un facile raccourci que prennent des dictateurs africains pour se donner bonne conscience ; car la personne nommée ministre ne représente souvent qu'elle-même, et le dictateur qui l'a nommé. Elle n'est qu'un de ces trafiquants des noms de leurs régions et tribus pour l'accession de leur personne au pouvoir.

Trouver des alibis, et continuer à nier des réalités géographiques, ethnologiques, culturelles…des communautés nationales, c'est faire la politique de l'autruche. Une décentralisation effective de gestion des États mettra en avant des Régions ; et ces dernières pourront alors jouer leur rôle naturel de moteurs de développement des États.

Des lointaines capitales budgétivores, en décrépitude, épicuriennes et constamment distraites, avec des dictateurs, et leurs cours des kleptocrates, ont échoué et ruiné le continent. Des régimes politiques centralisés ont fini de gérer le continent plus de la moitié d'un siècle, et ont completement échoué. Ils n'ont fait du Noir africain qu'un looser, en mendiant. Les peuples d'Afrique ne sont plus dupes et ne croient plus à un quelconque « Père Noël », qu'il soit White ou

Black.

Le mythe des « Pouvoirs forts » doit être terrassé au profit des « Institutions fortes », comme l'avait si bien dit le président Barak Obama.

Si l'idée d'une seule autorité forte pouvait être séduisante au départ, l'inexistence d'hommes capable d'incarner proprement cette autorité a conduit à l'échec total. Des médiocres et incompétents parvenus qui se sont succédés, aux sommets des États centralisés d'Afrique, n'ont que des kleptomanes et des traitres.

Les dégâts de leurs folies se voient à tous les niveaux ; sur des routes défoncées qu'on parcourt dans des pays, dans des véhicules et avions cercueils qu'on emprunte, dans des espaces et bureaux publics qu'on visite, et dans des regards carnassiers des douaniers et policiers qu'on croise : ce n'est plus « Indépendance chacha » ; c'est, Afrique enfer !

En RDCongo, ici pays en exemple, le dérapage est total ; des régions de l'Est sont envahies par des voisins depuis un quart de siècle, sans que solution soit trouvée. On en est même à des nettoyages ethniques des populations congolaises qui sont systématiquement remplacées par celles originaires de certains pays voisins, lesquels ont fait le rappel de tous leurs réfugiés en Tanzanie, au Burundi, en Ouganda..., pour occuper des terres qui ne sont pas les leurs. De successives centralisations pluridécennales avaient tout simplement laissé le champ libre à des voisins criminels. De telles situations sont inimaginables dans un État fédéral, où des peuples veillent sur eux-mêmes d'abord, agissent sans attendre de décisions des « Hommes forts », car elles savent qui est qui.

Le mépris des espaces culturels ancestraux, et de leurs populations autochtones de l'intérieur, au profit des seuls « Hommes Forts » dans ce pays, aura ouvert une brèche, où s'engouffrent au prix du sang de dangereux envahisseurs en plein 21ème siècle.

Dans cet énorme pays, où l'on ne sait plus qui est qui, sauf les dictateurs, la voie est grandement ouverte aux malfaiteurs étrangers.

Les peuples veulent voir de près ceux qui les dirigent et influent sur leur destin. Des politiques concoctées pour eux dans de lointains bureaux à l'Étranger ne les intéressent plus.

Des pouvoirs centralisés, qui se sont succédés dans ce très grand pays d'Afrique depuis l'indépendance, auront laissé un goût très amer aux populations martyres de l'Est.

Sans des dirigeants à la hauteur, d'aussi très grands pays doivent changer de modèle de gestion du pouvoir ; il leur faut du « Fédéralisme », avec des présidents simplement honorifiques ; les Noirs doivent arrêter avec des ridicules cultes d'individus, des « frères » parvenus, pour le salut du plus grand nombre.

X.   FÉDÉRALISMES A L'AFRICAINE

1. NÉCESSAIRE

L'État providence est mort. Il faut compter sur soi-même, se prendre en charge. Le monde avance très vite, et va de plus en plus loin.

Au moment où « d'autres » voyagent en trains à grandes vitesses (TGV), communiquent par internet rapide(5G), explorent Mars et les étoiles, et font du tourisme dans l'espace…, les pouvoirs dictatoriaux africains offrent le désolant spectacle d'apprentis sorciers incapables du minimum pour leur continent.

Les peuples n'ont pourtant jamais cessé de réclamer « Liberté, paix, et développement » en Afrique. Le nombre élevé des morts dans des marches pacifiques contre des dictatures l'atteste. Un fossé très profond sépare les dirigeants, imposés de l'extérieur, des populations majoritaires en Afrique.

Des gestions monolithiques du pouvoir ont

totalement détruit l'image de l'Africain dans le monde ; elles ont enraciné des préjugés négatifs contre l'Humain Noir. Ainsi le continent entier est-il qualifié de maudit par ceux qui en profitent.

Des prédateurs clament que le Noir est paresseux ; ils n'avaient pourtant pas hésité à recourir à sa robuste jeunesse, par l'esclavage, afin de réussir leur boum agricole outre-Atlantique. Comme quoi, qui veut noyer son chien l'accuse de tous les maux.

Une chose est claire, placés dans de mêmes conditions de choix et d'action que d'autres peuples, l'Africain ne peut que gagner haut la main la bataille du développement. Et c'est ce que beaucoup redoutent ; et ils font tout pour que cela n'arrive jamais.

Jamais personne ne demande à qui profite réellement l'Afrique ; c'est parce que on en connaît la réponse. Dans tous les cas, ce ne sont pas les Africains qui profitent de leur continent depuis trois siècles au moins. Qui peut dire combien de milliards quittent quotidiennement le continent, sachant que des pays africains sont restés sous la coupe des puissances prédatrices qui, naturellement, minorent les statistiques en défaveur du continent.

Grands conseillers des dictateurs, les prédateurs avaient obtenu des centralisations des pouvoirs, qui leur permettaient de n'avoir qu'un seul interlocuteur. C'était l'exclusion des « Régions profondes » avec les conséquences qu'on vit, et l'instauration du règne de l'absurde en Afrique.

En République démocratique du Congo par exemple, il fallait à une époque attendre la signature d'un ministre, situé à 2500 kilomètres de là à vol d'oiseau, pour changer une serrure de porte de bureau à Goma, à l'Est du pays ! Et quand l'on sait que ce dit ministre n'en avait rien à foutre avec ce qui se passait loin de ses bureaux de Kinshasa, l'on mesure l'ampleur du recul enregistré dans des régions dans tous les domaines pendant des décennies des dictatures successives.

Cette centralisation à outrance des « prises de

décisions » dans l'appareil des États aura coûté très cher aux pays africains. Elle a aussi généré un attentisme et l'inaction préjudiciables aux forces vives en pays profonds. Quand un touriste parle d'un pays d'Afrique, il évoque juste des capitales souvent excentriques, des aéroports et des ports accessibles... ; il ignorera quasi toujours des populations majoritaires en pays profonds. Les villes africaines avaient été construites aux frontières des pays pour les intérêts des colons dont le seul objectif n'était que l'évacuation rapide des matières premières vers leurs propres pays ; les capitales ne sont donc pas l'image exacte des pays en Afrique.

Il faut privilégier des systèmes de gestion qui soient inclusifs, qui englobent des pays profonds, et raccourcissent la « distance dirigeants-dirigés ». Cela va inévitablement faire appel à des dirigeants issus de leurs milieux. Ces derniers auront la capacité de mettre autour d'une même table des populations qui les connaissent et qui se connaissent.

Élus par ces populations, leurs parents, ces nouveaux dirigeants contribueront au bon fonctionnement de la chose publique, de la base au sommet. Ils le feront d'autant plus que ce seront leurs milieux d'origine qui seront directement concernés dans la démarche prospective de développement. Ils seront plus à même de sortir leurs régions de l'âge de la pierre taillée où des dictateurs et leurs cours les ont reléguées.

Les peuples africains ne sont pas dupes, et ils rêvent de revanche. S'ils ont le choix libre, vraiment démocratique, ils choisiront sans hésiter des dignes héritiers des martyrs et visionnaires de l'Afrique qu'avaient été les légendaires Patrice Lumumba, Kwame Nkrumah, Thomas Sankara et, récemment, John Pombe Magufuli...

2. RÉALISTE

Des pays africains, avec multitudes de tribus et dialectes, et doublés de myriades des partis politiques, font cacophonie. Ce qui se dit dans la cité africaine n'est pas ce qui s'y pense réellement.

Des « Unités Nationales », clamées en rues, masquent des profondes divisions entre peuples au sein des États africains, car les mentalités y sont restées réfractaires à la modernité. Le repli tribal colle à la peau de l'Africain, et cela se voit partout ; que ce soit dans le chef des animateurs de la Société Civile, des défenseurs des Droits de la Personne, des Églises, et surtout des politiques…, c'est une constante, le tribalisme règne en maître partout.

Beaucoup tiennent des discours enflammés, et teintés de nationalisme, le jour, pour rejoindre des mutuelles « tribales » haineuses la nuit.

Qu'ils dirigent une entreprise, une université, une organisation non-gouvernementale, une église …, les Africains ont le même comportement tribal chauvin, discriminatoire, vis-à-vis de leurs voisins séculaires et autres lointains, aussi bien au pays qu'à l'extérieur. En effet, tout dirigeant africain promu en politique n'a qu'un seul reflexe :

s'entourer de « sœurs et frères de tribu », incompétents soient-ils. Et l'expertise, l'excellence, cessent d'être des éléments d'appréciation des candidats à des postes de responsabilités ; cela en totale contradiction avec ses propres discours nationalistes enflammés de campagne électorale.

Entre commerçants, ils ne se passeront des adresses des fournisseurs intéressants qu'entre « frères de tribu » ; ils n'en diront mot même pas à leurs amis d'enfance, avec lesquels ils ont étudié et grandi, parce qu'issu de tribu différente simplement ! Dans des Université, c'est le favoritisme tribal ; des diplômes avec mentions sont réservés aux enfants de la tribu par d'indignes professeurs. Dans des Églises, c'est la même chanson ; des fidèles fréquentent l'église du pasteur de leur tribu, et rabattent vers celui-ci un maximum de clients.

En RD Congo-Kinshasa, ici pays en exemple, même de grandes langues nationales, comme le Swahili, qui pourraient établir une communication entre tribus au sein de certaines grandes régions, ne sont nullement promues comme il se doit pour des raisons tribales ! La conséquence en est qu'un quidam aura beau être natif de ces régions qu'il y sera traité d'étranger à cause de son dialecte différent.

En Afrique, la grande majorité des populations des pays ne se rencontrent jamais, ne se connaissent pas. Et à l'occasion d'une courte rencontre fortuite, des concitoyens vont s'observer comme des étrangers, avec méfiance. Les marchés et les villes sont les seuls lieux où se croisent des individus issus des populations différentes. Les villes permettent une certaine connaissance mutuelle entre individus instruits et entre commerçants. Les faubourgs de ces quelques villes africaines sont souvent habités de ghettos tribaux juxtaposés, et très souvent antagonistes à cause de la misère qui y règne.

Il y a même des populations voisines qui se portent une haine féroce héritée des ancêtres ; et chez celles-là, le rejet de l'autre est reflexe.

D'office ennemies, elles préféreront être dirigées par un étranger que par l'un ou l'autre des leurs dans leur commune région.

S'il n'y avait pas les quelques villes laissées par des colons dans certaines régions d'Afrique, chacun serait accoutrée dans sa tenue ancestrale, armes en main, prêt au combat contre des voisins indésirables.

La béate fusion des populations, imposée par des colons racistes et poursuivie par des dictateurs africains, n'aura été qu'illusion. Car l'Afrique est différenciée, et on doit parler « des Afriques ».

Des colonisations aux dictatures, ces brassages avaient omis de prendre en compte la donne ethnique alors qu'elle se voit partout, et à tous les niveaux, dans des États : le tribalisme reste roi en Afrique.

Ce ne sont pas des théoriques recommandations de lointains bureaucrates des pays riches, de l'ONU, et d'autres Organisations Internationales dans ce sens-là qui y auront changé quoi que ce soit.

Toutes ces tentatives de brassages, d'homogénéisation, des populations n'avaient fait que désorganiser les tissus intérieurs des pays et favorisé des conflits intercommunautaires. Des échecs de cohabitations enregistrés en Somalie, au Soudan, au Rwanda (1994) ..., en sont des preuves historiques.

En fait, des gourrous Blancs avaient fait en Afrique ce qu'ils n'ont jamais fait chez eux où, comme en Belgique, chaque communauté constitue une région spécifique ethniquement, politiquement et économiquement.

En RD Congo-Kinshasa, ici pays en exemple, des populations, toutes noires qu'elles sont, sont on ne plus qu'inhomogènes ; avec quelques 250 tribus et langues locales, c'est l'évidence même. Bien gérée, cette situation pouvait constituer une richesse en soi. Mais, hélas ! Le tribalisme ne l'a pas permis, chaque politicien utilisant des divisions pour régner. La vérité est que des masses analphabètes africaines sont très vulnérables aux appels démagogiques des politiciens issus de leurs tribus. C'est sans réflexion que ces masses répondent au premier cri de guerre lancé contre leurs voisins immédiats.

La tribu est la seule « échelle de référence » que des peuples entiers respectent au sein de beaucoup de pays africains. Même des grands diplômés s'y plient. Le Noir africain s'alliera très vite à des étrangers pour l'extermination d'autres Noirs de tribus différentes ; c'est la triste vérité.

Qu'on l'aime ou pas, cette donne tribale socioculturelle est là, tenace ; et ce n'est pas faute d'avoir essayé de l'éradiquer. Les colons avaient essayé, ils avaient échoué ; les dictateurs aussi pendant plus d'un demi-siècle. Des États africains ne peuvent pas continuer à bâtir sur du sable. Il est temps d'accepter « La Tribalité » pour combattre le « Tribalisme » en Afrique.

L'admettre et l'intégrer, dans des projets de réformes des États, préviendra des vagabondages inutiles et conflictuels des populations de base, et stimulera leurs ancrages productifs dans leurs terroirs aujourd'hui à l'abandon ; et cela profitera à tous. Il est temps d'opter pour la rationalité, en abandonnant des émotions et autres slogans nationalistes d'unités pourtant fictives. Continuer à se mentir, et se faire du mal en chantant « Unité » ne changera pas la réalité tribale qui dicte les comportement des uns et des autres dans des États en Afrique.

5. UNITAIRE

La diversité est une richesse, mais elle peut se s'avérer être un cauchemar s'il n'y a pas harmonisation. Les divisions tribales si répandues en Afrique en sont une illustration. C'est un vrai défi que de désigner un leader qui fasse l'unanimité dans un pays africain. Il est donc important de réaliser des études ethno-sociologique, pays par pays, afin de déterminer les « Vraies Grandes Régions » au sein des États existants.

Et par « Grande Région », on entend un espace

habité par des populations culturellement apparentées, qui coexistent et collaborent depuis la nuit des temps. On ne parle pas ici de minorités qui en partent : commerçants, étudiants, politiciens... Il y a dans chaque pays africain des tribus sœurs, compatibles, dont des entités traditionnelles réunies devraient être la base de définitions des Régions administratives, « États Fédérés ».

En valorisant ces entités intrinsèques, le « Fédéralisme » sera le vivier d'hommes nouveaux issus de la « Base ». Ces derniers auront l'avantage d'être spirituellement et socialement attachés aux milieux d'où ils seront issus. Et, élus par des populations qui les connaissent, ils seront plus que légitimes, et barreront chemin aux « plus grands communs diviseurs », que sont des toxiques gourous des tribus, qui n'auront plus d'étrangers à combattre dans une mouture où ce sera chaque paysan chez lui.

Le projet fédéraliste, n'en déplaise aux fanatiques tribaux de tous bords, n'est pas fait pour la promotion des sœurs et frères de tribus au détriment d'autres dans un État. Le Fédéralisme est égalitaire ; il sera fait pour le bien et l'épanouissement de tous à partir de chaque base (État fédéré). Il ne peut être détournée, et devenir une nouvelle forme de dictature de certaines tribus sur d'autres au sein des États fédérés. En effet, des hégémonies tribales sont le poison le plus sûr contre le Fédéralisme. Ce réflexe tribal primitif ne peut qu'éloigner filles et fils de mêmes régions et conduire au chaos. D'où le préalable d'ériger des régions à tribus apparentées ou compatibles ; et la Loi sévira sur des fauteurs des troubles ensuite.

De grandes autonomies des régions seront responsables. En choisissant eux-mêmes des hommes et femmes compétents de leurs milieux, pour la défense leurs intérêts, villages, communes, villes régionales, seront les premiers responsables de leurs destins au sein d'une Nation commune.

Ces élus, qui pourront être des indépendants – et

c'est même souhaitable dans un premier temps, car l'appartenance à des partis politiques, de l'opposition soient-ils, n'ayant démontré une quelconque efficacité – feront sûrement la différence. Le monopole d'inutiles partis politiques dans la marche des États doit laisser place à la compétence et à la bonne gouvernance en Afrique.

6. ENCADRÉ

Il est capital de mettre des balises aux décentralisations revendiquées par ci par là dans des États africains. Il faut des textes de lois qui préviennent des dérapages dans le processus et l'exercice du système. C'est aux constitutions fédérales d'y veiller.

Des feuilles de route régionales (Constitutions des États Fédérés), adaptées aux réalités de chaque région, seront strictement compatibles avec les Constitutions fédérales des États existants. Tout futur responsable d'entité fédérée doit publiquement jurer fidélité à l'État fédéral. Le

Fédéralisme n'est pas séparatisme, mais l'unité nationale dans la diversité. Il ne veut pas dire non plus la « chasse aux non-originaires » d'une région. La loi doit être respectée, car tout citoyen a le droit d'établissement sur tout l'espace de l'État fédéral, et même d'y être candidat à des élections, même si ses chances d'y être élu seraient mineures vu les mentalités tribales dans un premier temps. Le problème ne devrait même pas se poser car, à la longue, les populations sauront qui est avec elles, et qui elles doivent plébisciter, quelle que soit sa tribu d'origine dans le pays.

Les rapports entre États fédérés resteront dans les limites prescrites par les Constitutions fédérales. Néanmoins, des Régions fédérées voisines pourront se réunir afin d'évaluer des points particuliers liés à leur environnement commun, s'ajuster, et s'harmoniser en certaines matières. Et ce sera chacun chez lui, chacun pour tous.

Des armées uniques, apolitiques, constituées à

égalité de ressortissants de toutes les grandes régions, seront le ciment des unités des États existants. Les Constitutions fédérales veilleront aux critères de nominations de officiers supérieurs, en fonction des compétences, en tenant compte de la représentativité de toutes les régions au sein des États.

7. ÉCONOMIQUE

Les peuples africains exigent « l'Indépendance Économique ».

Le pouvoir ne peut plus rester entre des mains d'individus qui les condamnent à la dépendance, à la mendicité, et à la misère pérenne. Des voyous dont le seul projet de société est la domination tribale, et des pillages à grande échelle des bien de l'État, n'ont plus droit d'exister.

La dépendance sans fin de l'Afrique vis à vis de l'extérieur est non seulement inacceptable, mais indigne. Le « Sens de l'Honneur » de l'Afrique traditionnelle doit être réhabilité. Le continent doit se sortir au plus vite d'une servitude qui a trop duré. Avec des États fédérés actifs, l'autosuffisance alimentaire sera là, ensuite l'indépendance économique, et les aventures scientifiques et technologiques suivront. L'Afrique doit se mettre en position de résister aux assauts et blocus de ceux qui la confinent dans l'arrière-boutique de l'Humanité.

Le développement de l'agriculture, et de l'élevage, vont casser des importations budgétivores. L'Afrique doit toutefois « cultiver local », être championne du Bio ; elle doit se défaire des engrais chimiques, qui polluent des sols et cours d'eau, et nuisent à la santé des populations présentes et futures.

Des États fédérés boosteront des États fédéraux. Ils pourront, sur fonds propres, accorder des crédits aux entrepreneurs de leurs bases, ce qui génèrera une classe moyenne dans des terroirs et villages perdus. Et des États auront de développements qui sont les leurs ; pas ceux conçus par d'autres on ne sait où.

L'Afrique doit embrasser la macroéconomie, rivaliser avec les autres, et gagner. Le nouveau commandement de Dieu, auquel le Noir africain doit obéir, c'est « Être riche ; la pauvreté est un péché ».

XI.   ÉTATS FÉDÉRÉS

Les États fédérés seront les unités fonctionnelles de l'État global, de l'État national, fédéral. L'Afrique ne peut plus continuer à fonctionner selon des mimétismes stériles ; faire comme le Blanc n'aura rien donné.

Alors que les États fédérés sont la base des États-Unis d'Amérique, en Afrique c'est le contraire ! Les régions sont totalement bloquées, le fondement des États n'étant réduits qu'à de simples mortels : des dictateurs ! Évidemment que les résultats sont autant diamétralement opposés : c'est l'excellence et la merde.

Un développement national intégré permet à tous les coins d'un pays de développer au maximum leurs potentialités en matière culturelle, entrepreneuriale, économique…, sans attendre le bon vouloir d'un crétin de dictateur incompétent et corrompu, comme c'est le cas dans beaucoup d'États du continent.

L'Afrique des États fédéraux va surement mobiliser des énergies insoupçonnées, aujourd'hui étouffées dans des centralisations de pouvoir à outrance et stériles, conformes aux vœux de ses concurrents étrangers.

En RDCongo, ici pays en exemple, cela permettra de nourrir non seulement des Congolais, mais toute l'Afrique et au-delà. Ce pays ne devrait rien importer en matière agricole. Des pouvoirs politiques successifs ont préféré y miser sur le sous-sol que sur le sol. L'agriculture sacrifiée, la famine est endémique dans ce pays béni des dieux, car on ne mange pas des minerais.

Les structures des États fédérés, leurs compétences et limites d'actions en la matière, seront définies dans des Constitutions Fédérales des pays.

1. VISIBILITÉ DES REGIONS

Politiquement, la priorité des priorités sera et restera la protection des intérêts de la majorité, c'est-à-dire de chaque « Base », au sein des États. Une visibilité des Régions est donc indispensable, et dans la dénomination (État), et dans des conceptions, planifications, et gestions des projets au niveau fédéral. Quoi qu'il advienne, et bien qu'incontournable, le Fédéralisme n'ira pas de soi en Afrique. Il impose devoirs et contraintes.

Mandats et missions alloués aux États

fédérés seront conférés aux seuls élus de la base, et plus question de ces nominations, par des dictateurs, des prostitués politiques incompétents et immoraux.

Les États fédérés seront des sentinelles avancées de l'État global aux frontières avec des pays voisins. Et, comme telles, elles seront les premières à riposter en cas d'agression extérieure, ce en attendant une action plus musclée du fédéral. Des régions convoitées, et exposées à des agressions extérieures, ne doivent plus cumuler des pertes en vies humaines, et matérielles, parce qu'un lointain ministre n'a pas, à temps, donné des ordres involontairement ou volontairement. Ce modus operandi dissuadera surement des armées étrangères, et des milices qu'elles entretiennent, d'entreprendre des agressions contre l'État.

Au plan judiciaire, des États fédérés pourront arrêter et juger sur leurs territoires tous les criminels d'où qu'ils viennent. Des populations, longtemps agressées, et privées de Justice, auront alors la certitude de voir leurs tortionnaires jugés sur place, condamnés, et incarcérés chez eux. Et plus de ces transferts des bourreaux vers des lointaines capitales, où ils étaient libérés contre de l'argent donné à des ministres. Ces procédures dissuasives refroidiront des délinquants sociaux et économiques qui ont prospéré, dans une totale impunité, dans des systèmes dictatoriaux centralisés.

Au plan économique, les États fédérés

auront un contrôle direct de leurs recettes et dépenses ; ils auront en main la surveillance et la répartition des revenus selon des textes en vigueur. Un contrôle direct des projets définis dans leurs espaces, sans autre intermédiaire, sera effectif et opposable aux exécutants à tout moment.

Ce sera la mise en route d'un nouveau circuit économique et financier, qui mettra fin aux chemins mafieux organisés autour des dictateurs pendant des décennies en Afrique.

Des diversités culturelles régionales, particulièrement dans des très grands États, comme la RDCongo, ici pays en exemple, seront un atout. Ces spécificités et originalités locales seront répertoriées et classifiées ; et des chercheurs pourront s'en saisir pour des études scientifiques. Elles attireront aussi des touristes curieux ; ce qui sera un plus pour l'État.

La promotion des cultures régionales spécifiques va, dans des échanges, favoriser une connaissance réciproque entre peuples d'un même pays ensuite. Des populations découvriront, en douceur, des ressemblances et différences entre elles, ce qui permettra une connaissance et reconnaissance réciproques. Il y aura autant de cartes postales colorées qu'il y a des régions et des cultures dans un État ; et chaque citoyen s'y reconnaitra. Ce qui contribuera à une vraie « Unité Nationale » dans la diversité.

Au plan scientifique, des États fédérés pourront ériger des universités, créer des centres de recherches, et promouvoir leur enseignement supérieur spécifique dans les limites autorisées par la Loi fédérale. Cela donnera une valeur ajoutée aux diplômes délivrés par l'État fédéral. Et seuls des méritants, lauréats filles et garçons, seront qualifiés et proclamés. Et plus de ces fraudeurs et autres faussaires qui recourent au « marché des diplômes » tenus par des pseudo-professeurs délinquants, de vraies hontes pour l'Afrique.

2. STABILITÉ DES NATIONS

Il est clair que L'État fédéral aura dans ses attributions l'Armée Fédérale, les Renseignements, la Police Fédérale, la Banque Centrale, les Affaires Étrangères, les Infrastructures Fédérales…qui seront au-dessus des organes régionaux dans des limites fixées par la Loi.

Des polices locales seront installées au sein des États fédérés pour une gestion des litiges courants entre citoyens et pour des contrôles d'identités ; et elles seront complétées dans ces tâches par des « Contrôleurs Dix Maisons » par rues et quartiers urbains.

Les officiels des États fédérés et ceux du fédéral seront dans un dialogue permanent pour la bonne marche du pays. Cette concertation, qui n'est pas une confrontation, va prévenir des malentendus préjudiciables. Pour que l'édifice « décentralisation » tienne débout, il faut des solides fondations, dont la représentativité. Le Fédéralisme ne vient pas remplacer des dictatures hypercentralisées par d'autres, et plus nombreuses, de domination tribale dans des régions. Ce serait passer d'un seul à moult dictateurs sur l'étendue d'un État.

Les États fédérés seront surtout des unités fonctionnelles économiques.

Leur finalité est la participation de chaque citoyen au développement de son pays à partir de chez lui, de son terroir. Le Fédéralisme, c'est de la démocratie participative. Elle donne la parole, et le choix, à chacun de défendre ses intérêts là où il habite dans le respect de ceux d'autres. En fait chaque groupe(tribu) doit emmener du sien et du meilleur dans le Fédéralisme.

Les États fédérés, qui auront leur mot à dire dans l'acceptation ou le rejet des contrats conçus dans leurs entités, pourront enfin défendre leurs intérêts au sein des pays.

Organisés et productifs, les États fédérés endigueront l'exode rural et la fuite de ressources humaines africaines vers l'extérieur. Ils permettront une meilleure répartition des revenus sur place, avant que leur argent soit volé par un quelconque ministre, dans une lointaine capitale, comme c'est d'actualité.

Avec des États fédérés, ce sont des nouveaux pools de développement qui jailliront dans les pays profonds. Le chômage endémique et criminogène s'effondrera dans tout le pays pour le bonheur de tous.

Il y a des places à revendre aux jeunes dans l'agriculture et l'élevage en Afrique, et c'est rentable. Des jeunes pourront donc adhérer à la ruralité, au lieu de toujours rêver des villes et des capitales blingbling, ou d'émigration vers des enfers méconnus outre-mer. Ils seront fiers et jaloux de leurs terroirs, et seront les premiers à vouloir les défendre contre tout et à tout moment, car leurs intérêts en dépendront.

Ce sera l'enracinement des hommes africains dans leurs milieux, ce qu'est l'un des objectifs du Fédéralisme. Et les États fédérés seront le moteur d'un développement intégré et bénéfique à la nation globale, à l'État fédéral. Ce qui garantira la stabilité de celui-ci et façonnera une symbiose des peuples à intérêts communs.

3. VRAIES UNITÉS NATIONALES

Fédéraliser c'est « mettre ensemble, unir » des

diversités. Renier les diversités des peuples noirs africains aura été l'erreur dommageable commise. Après plus de soixante années d'indépendances, on devrait faire le bilan.

Des « Unités Nationales », clamées par des « unitaristes », n'auront été que des slogans creux ; car les peuples noirs sont différents, et chacun est resté lui-même au sein des États. Ces supposées unités nationales, traduits en violences intertribales, verbales et armées, intermittentes et permanentes ci et là, ne sont que des illusions et des pertes de temps.

Un État sérieux devrait être comme une grande maison, où chacun a sa chambre et s'y s'épanouit, sans être dérangé par un autre, en payant sa part des frais d'entretien. C'est cette ambiance responsable que préconise le

Fédéralisme. À contrario, le centralisme autorise à chacun de dormir dans n'importe quelle chambre ; ce qui démotive en termes de soins et d'ordre intérieur dans ladite chambre. Entre les deux modèles, le choix est clair ; il va au Fédéralisme. Il est très difficile d'espérer du bon d'un système qui déresponsabilise les acteurs principaux.

« L'Unité Nationale » n'est pas comestible en soi ; aucun peuple au monde ne « mange » l'unité nationale. Quand il y a famines, jalousies, conflits, guerres…, il n'y a pas d'unité nationale. Sourds et aveugles, des dictateurs africains ont commencé l'apprendre à leurs dépens. Des crises politiques vont crescendo dans des États africains. Le boum démographique, avec des jeunes majoritaires, nés dans la violence, et qui frétillent d'impatience, est une réalité. Ces nombreux jeunes menacent de forcer les portes des citadelles aujourd'hui imprenables. La peur de la décentralisation n'arrêtera pas le danger ; elle condamnera certains dirigeants à la fureur incontrôlable d'une jeunesse dégoûtée. Et croire s'en sortir en attisant des conflits intertribaux, des exodes ruraux, des émigrations massives de ces jeunes africains vers des chimères, et la fuites de cerveaux, n'y changera rien.

L'Afrique a reculé, elle a froid et faim, elle n'a plus de temps pour des palabres stériles avec ses tortionnaires. Le paternalisme dictatorial a conduit à l'impasse, par son fonctionnement très vertical, et l'accaparement de tous les moyens des États. La gestion a été sentimentale, au gré des humeurs des dictateurs, sans respect des prévisions budgétaires, sans rigueur aucune.

Le temps de gestion des affaires publiques par la terreur est révolu.

Les « politichiens » habitués à cette anomalie doivent simplement déguerpir ou périr. Car ils ont systématiquement joué avec des Constitutions, s'y référant quand cela les arrangeait, et les contournant quand cela les obligeait. Ils ont installé du désordre au sein des États, mis à rude épreuve des unités nationales, et semé la désolation ; ils méritent la prison à vie ou la mort.

La disparition de ces centralisateurs des pouvoirs signera un nouveau départ pour le continent, et peut-être le début des vrais

« Unités Nationales », et des réconciliations heureuses entre pays d'en haut et pays d'en bas au sein des États africains plus formels que réels aujourd'hui.

4. AUTOGESTIONS DES RÉGIONS

Impôts Et Taxes

Quand l'on n'a pas encore tous les moyens, inutile de bâtir des châteaux en Espagne. Il faut apprendre à vivre avec le peu qu'on a au début ; il faut avoir le sens du sacrifice. Chaque État fédéré doit partir de ce postulat, partir de zéro car les centralistes ont tout détruit. Les États fédérés auront à développer des activités spécifiques selon leurs géographie et écologie.

Tous les coins ne seront pas condamnés

à produire la même chose dans un État fédéral. C'est dire que, dans un même pays, les États fédérés n'auront pas tous le même revenu. Des États plus productifs pourront être plus riches, et ce sera mérité.

Le but du Fédéralisme n'est pas un égalitarisme béat, tel que préconisé par des centralistes. Le Fédéralisme est là pour stimuler la concurrence interne au sein des États en vue d'augmenter la productivité globale, surtout dans le domaine agropastoral.

La fiscalité doit certes se nourrir des impôts et des taxes régionaux spécifiques. Les États fédérés seront attentifs à leurs balances financières ; l'équilibre recettes et dépenses sera de rigueur. Le strict respect des budgets établis légalement, après débats parlementaires en régions, sera la règle. Des gestions au jour le jour, communes aux centralistes décadents, ne seront plus d'actualité.

Sauf urgence majeure, seuls des projets planifiés seront exécutés à partir des trésoreries des États fédérés. Et plus question d'accepter des injonctions venant de la capitale, et contraires aux prévisions budgétaires des États fédérés.

Les États fédérés ayant versé leurs quotités légales au gouvernement fédéral, le président, les ministres fédéraux, des généraux des armées…, n'auront plus aucun mot à dire, ni d'ordre à donner, sur des fonds des trésoreries des États fédérés. Celles-ci ne devront plus, en aucun cas, servir de bouche-trou aux caprices et déficits du fédéral.

Avec une bonne gouvernance, avec toutes les ressources qu'il y a dans chaque État fédéré en Afrique, il y aura multiplication des richesses dans les pays, et sur tout le continent. Et d'énormes gains de temps seront gagnés dans la perception, et l'utilisation des ressources financières dont la disponibilité sera pérenne, sans devoir tendre la main à l'extérieur.

En RD Congo, ici pays en exemple, des États fédérés ne devront plus d'abord envoyer la totalité de leurs recettes à la lointaine capitale, Kinshasa, et se mettre à attendre que des ministres, et leurs administratifs, tous improductifs et non élus par ailleurs, aient pitié d'eux, et leur retourne la part dues aux régions quand bon les chantent. Quand l'on sait que ces ministres, et leurs zouaves, s'assoient sur des dossiers des régions profondes, tant qu'ils n'ont pas perçu des commissions illégales, on peut imaginer ce que les ruraux endurent, et des retards qu'ils accusent dans tous les domaines.

Avec droit d'affecter directement la part düe de leurs recettes à leurs projets, les États fédérés auront les mains libres pour agir chez eux sans attendre, et gagneront du temps et de l'agent ; ils n'auront plus à se ruines en voyages onéreux vers la capitale pour débloquer des dossiers.

L'instauration du Fédéralisme supprimera d'office de nombreux intermédiaires, ces parasites par lesquels agissent des détourneurs du denier public ; et l'appareil de l'État sera allégé au profit de tout le pays.

Des États fédérés devront faire preuve d'imagination, d'inventivité. Quasi tous les pays africains ont des terres fertiles au Sud du Sahara. Plus que des minerais, l'agriculture doit être la première préoccupation de tous les Fédéralistes en Afrique. Des pays pourront s'y enrichir grâce à une agriculture biologique et intégrée. Diversifiée, l'agriculture cassera à coup sûr le cycle budgétivore des importations des denrées alimentaires de première nécessité et la perte de devises monétaires.

Il appartient aux États fédérés de mettre en chantier des écoles secondaires professionnelles agropastorales. Des techniciens, qui en sortiront, encadreront des paysans en milieux ruraux. Ils auront l'avantage de mener des campagnes agricoles en dialectes locaux, sans barrière de la langue aucune, à des paysans qui se reconnaitront en eux.

Dans ce contexte nouveau, des spécificités agricoles régionales seront exploitées de façon optimale, et de nouvelles cultures pourront être introduites dans le pays. Et il en sera de même dans tous les autres domaines de la vie des États fédérés : tourisme, arts, sports...

En RD Congo, ici pays en exemple, des régions montagneuses et lacustres de l'Est vont exceller dans l'élevage bovin, la production de maïs, du manioc, des pommes de terre…, grâce à un climat tempéré ; et dans la pêche grâce à leurs grands lacs et rivières. Avec l'extraordinaire beauté naturelle des mêmes régions, un tourisme rentable y est garanti.

Le centre du pays va remplir les marchés de manioc, de riz, d'ignames ; et d'abondants produits de pêche dans le deuxième plus grand fleuve du Monde, le fleuve Congo.

Avec des étendues de terres à perte de vue, des nombreux affluents du grand fleuve, l'agriculture et la pêche variées sont d'avance un succès à l'Ouest du pays. Il y aura tellement de productions agricoles et de pêche que toute l'Afrique en sera servie et soulagée.

Bref, tous les coins de ce grand pays sont gâtés par la Nature. Aucune région n'a des raisons de se plaindre ; il faut juste travailler, travailler. Dans ce grand pays où des terres sont en jachère depuis des décennies, et où des poissons meurent de vieillesse dans des eaux, il faut se réveiller.

Il est temps de passer des rêves aux réalisations, d'un États fictif à un État fédéral, un État réel, pour le bonheur du peuple congolais et de toute l'Afrique.

Nouveaux Marchés Intérieurs

En favorisant l'ancrage local du citoyen lambda, le Fédéralisme ouvre des opportunités inédites à des populations rurales majoritaires oubliés dans des États africains. Ces dernières n'auront plus aucun intérêt à quitter leurs terroirs pour des chimères urbaines ou à l'étranger. Le développement des activités rémunératrices en pays profonds donnera naissance à de nouveaux marchés. Ce qui fixera encore plus ces paysans dans leurs terroirs, leurs descendances ensuite.

Ces boums économiques en milieux ruraux engendreront des nouvelles cités, une classe moyenne. Personne n'ira chercher loin ce qu'il a chez lui ; des paysans n'iront plus végéter dans des lointains faubourgs urbains surpeuplés, aux infrastructures vétustes, à l'air pollué. Ils n'iront plus s'étouffer dans des bicoques de misères, et dans des promiscuités tumultueuses, qui chez une pauvre tante, qui chez un oncle chômeur.

Grâce à des nouvelles infrastructures intrarégionales, des peuples échangeront, et se découvrirons davantage, et ils pourront regarder dans la même direction.

La circulation des personnes et des biens sera ainsi facilitée pour tous dans des

États fédéraux.

Des hommes d'affaires, des experts, des chercheurs, des grands commerçants..., et tous ceux qui le peuvent, auront le loisir d'aller s'exprimer là où ils veulent sur l'étendue du pays comme c'est leur droit et vu leurs moyens. Quant aux populations de base, sans instruction, ni fortune, elles seront naturellement fixées dans leurs terroirs, et encadrées par le Fédéralisme. Cela évitera des exodes ruraux, comme des migrations des jeunes africains vers l'étranger, et aussi des vagabondages inutiles des populations rurales dans des villes inhospitalières loin de leurs terroirs.

Autogestion financière

La première ressource dans le Fédéralisme est « L'Homme ». C'est sur lui que repose la bonne gestion des entités décentralisées. Sa gouvernance doit être rigoureuse, ses réalisations concrètes, vérifiables. C'est la condition sine qua non. Un monitoring de performances accompagnera leurs mandats, de sorte qu'ils pourront être remplacés à tout moment si incompétents ou délinquants. Des délinquants économiques condamnés devront purger leurs peines en Régions fédérées où ils auront commis leurs forfaits. Toute d'opacité dans la gestion de la chose publique sera donc sévèrement sanctionnée conformément à la Loi.

Des rapports financiers des États fédérés seront publiés et affichées périodiquement à l'intention du public. De cette façon, des associations citoyennes, et des citoyens lambda, pourront en prendre connaissance, apprécier, critiquer, conseiller, ou dénoncer des anomalies ; ils joueront ainsi leur rôle naturel de contrôle citoyen au sein des États.

L'État ne doit plus rester un concept abstrait, une réalité virtuelle dont des peuples attendent tout sans en savoir quoi que ce soit ; l'État doit s'incarner dans chaque citoyen.

Trésorerie Régionale

Un système de taxation simplifiée, « taxation unique par secteur », électronique, sera d'usage. Les tarifications officielles seront publiées, et affichées, à l'intention des citoyens et des entreprises. Cet affichage mettra fin aux rançonnements systématiques et faciles des habitants par des fonctionnaires corrompus.

Des États fédérés pourront de cette façon automatiquement enregistrer et archiver électroniquement leurs données financières (recettes/dépenses), procéder à des vérifications à tout moment, et à des ajustements sans perdre du temps. Plus aucun fonctionnaire de l'État fédéré n'encaissera des espèces. Des autorisations des décaissements seront aussi électroniques, chaque percepteur devant être tracé par un code spécifique.

Des douanes aux frontières jusqu'aux bureaux de l'État à la cité, des brigades financières mobiles, changeantes, assureront des contrôles impromptus. Des statistiques financières mensuelles et trimestrielles des États fédérés seront établies, et soumises aux parlements des

États fédérés pour des contrôles intermédiaires.

Des caisses d'épargnes, des coopératives, des banques commerciales…seront promues par et dans des États fédérés, avec pour objectif d'encadrer les flux monétaires, de favoriser l'épargne et des prêts aux habitants.

Des trésoreries des États fédérés doivent arriver à garantir une paie régulière des fonctionnaires régionaux à date fixe. Elles seront verrouillées au maximum, avec exigence de plusieurs signatures, ou mots de passe, avant tout décaissement des fonds importants.

En RDCongo, ici pays en exemple, les agents de l'État, et leurs familles, vivent des calvaires depuis des décennies. Ils doivent attendre leurs maigres salaires pendant des mois voire des années ; et plus ils sont en pays profonds, plus leurs situations sont désespérées. Le Fédéralisme vient mettre fin à cette absurdité. Il va permettre aux agents de l'État fédéré de toucher directement leurs salaires, sans devoir attendre que des jouisseurs de la capitale veuillent bien penser à eux. Chaque entité fédérée doit donc produire ; des États fédérés les plus productifs pourront offrir des rémunérations au-delà du salaire minimum fixé par la Loi fédérale.

Les peuples africains doivent donc intégrer qu'ils sont « propriétaires » de leurs États, et les politiciens, et autres administratifs, leurs travailleurs. Ils doivent être capables de colère et de révolte face à des dirigeants délinquants ou irresponsables. Ce ne sont pas des populations qui doivent s'agenouiller devant des politiciens, mais le contraire. C'est bien ce souffle que veut insuffler le système fédéral dans l'esprit des populations au sein des États africains, surtout les plus étendus.

XII.   PARTENAIRES

Le système qui saigne l'Afrique remonte à un passé pluriséculaire, de sorte que les prédateurs se croient légitimes et dans leurs droits. C'est une véritable nasse qui emprisonne le continent. Polydactyle à l'instar d'un poulpe, il enserre tout le corps de ce dernier. L'Afrique est asphyxié par des religions, dont des messages endorment les esprits et infectent des sphères des pouvoirs, des villes, des villages, des familles… ; par des médias qui noient le continent dans des propagandes mensongères ; par une école mimétique qui produit des dirigeants africains formatés en faveur du système prédateur, par des Arts, spectacles et films racistes, où le Noir est un éternel perdant…

Ces puissances usurpatrices contrôlent l'Économie et la Finance de l'Afrique depuis la Conférence de Berlin de 1885, et le vampirisme ne s'est jamais arrêté. Combattre un système prédateur aussi tentaculaire n'est pas une sinécure.

Au-delà des questions légitimes, que des Africains se posent sur le pourquoi et le comment de la prédation dont ils sont victimes depuis des lunes, ils doivent dès maintenant s'organiser pour leur survie. Le temps des sensibilisations et des discours est terminé, il faut agir. Et pour ce faire, ils ont à se trouver des alliés sincères, même dans des pays prédateurs.

En effet, il y existe des justes dans des pays prédateurs. Il serait erroné et dangereux de croire que tout ce qui est Noir est bon, et que tout ce qui est Blanc est mauvais. Les barbaries vécues au Liberia en 1990, le génocide de 1994 au Rwanda, et les crimes de masses, contre l'Humanité, à l'Est de la RDCongo depuis 1996, sont des faits des Noirs contre des Noirs. Ces monstruosités ont montré et démontré que des Noirs pouvaient être pires que des Blancs contre d'autres Noirs. Le loup du Noir est souvent un Noir, il faut le savoir. C'est par lui, et à travers lui, que des prédateurs asservissent l'Afrique entière. C'est dire que, sans être naïf, il appartient à chacun d'avoir une ouverture d'esprit dans le choix des partenaires de lutte pour l'indépendance économique de l'Afrique.

1. DES HUMANISTES

Les Blancs ne sont pas tous ces Blancs racistes, ces criminels et voleurs qui régentent le Monde selon des Idéologies mensongères qu'ils ont éditées et imposées. Il y a, aux pays des Blancs, des individus et des associations qui luttent contre des injustices dans le Monde ; et de ceux-là, certains se dépensent à dénoncer l'exploitation criminelle de l'Afrique depuis des siècles.

L'Histoire rapporte leur contribution salutaire dans des luttes pour des indépendances africaines et contre l'Apartheid en Afrique. On peut citer l'avocat Jean Jacques de Felice, le célèbre écrivain Jean Paul Sartre, avec son « Comité Tiers-mondiste » en France, Abram Fisher, l'Avocat de Nelson Mandela en Afrique du Sud, le sociologue suisse Jean Ziegler, un altermondialiste, qui n'a jamais cessé de dénoncer l'hécatombe par la famine organisée dans le Monde de enfants africains…Et on n'oubliera pas, côté médias, des journaux comme Médiapart en France…, et côté lanceurs d'alerte, des courageux comme Edward Snowden de Wikileaks….

Il est important de savoir que la majorité des Blancs ignorent la source de leur prospérité, aussi manipulés qu'ils sont eux-aussi par des Blancs racistes. Car ces derniers, et leurs médias des mensonges, les enveloppent dans un voile blanc appelé le « Mode de vie Occidental ». Simple consommateur, le Blanc lambda y croit, et pense que son sort est propre, normal. Il est loin d'imaginer qu'il est bénéficiaire des crimes qui sont chaque jour commis par son pays très loin, à l'Étranger. Et tant que tout va pour le mieux, pour lui et sa petite famille, le Blanc lambda n'a pas de raison de se poser de questions ; d'autant que des médias qualifient de guerres tribales les échos des conflits qui ont cours en Afrique, alors que ceux-ci sont en réalité le fait des ingérences criminelles de son propre pays sur place.

Seuls quelques Blancs bien instruits sont au courant de la forfaiture et des crimes outre-mer ; parmi eux, des humanistes.

L'Afrique noire pourrait compter sur ces derniers ; ils pourraient être des alliés objectifs de la cause africaine. Très informés, les humanistes ont le courage de dénoncer des crimes d'États dans le Monde. Et même s'ils ne sont pas nombreux, leurs voix interpellent.

Résistant à la lourde machine des pouvoirs et des médias mensongers, des associations humanistes organisent des campagnes d'informations, écrivent, font des marches contre le racisme, la xénophobie, des guerres impérialistes... Avec des informations dont ils disposent, et l'expertise qui est la leur, ces humanistes peuvent constituer des atouts précieux dans le combat juridique qui devra s'engager contre X pour l'indépendance économique de l'Afrique. Car chaque État africain devra engager des procédures judiciaires contre ses prédateurs avec exigence de restitutions et paiement des dommages et intérêts pour des richesses volées.

Les humanistes peuvent aussi aider à contrecarrer à la source des plans de sabotage des États du continent. Qu'ils soient des individualités, des associations, des partis politiques, ou des syndicats…, ils peuvent être des alliés des peuples africains en détresse.

Le pouvoir des opinions publiques est énorme dans des pays prédateurs. Dans ces pays-là, des peuples abusés s'en prennent violemment à des dirigeants qui les mentent, et influencent des politiques.

Les Humanistes peuvent mobiliser des opinions publiques en faveur de l'Afrique dans des pays prédateurs. Désintéressés, uniquement motivés par la victoire du Bien sur le Mal, les humanistes n'imposent rien à personne.

Comme leurs associations sont de plus en plus rejoints par de jeunes Blancs, qui se désolidarisent des crimes commis par leurs ancêtres, il y à espérer des lendemains meilleurs pour l'Humanité. Des générations des Blancs sataniques, qui ont nui aux peuples noirs et à d'autres dans le Monde, pendant des siècles, sont heureusement en train de s'éteindre de la surface de la Terre, de par la loi de la Nature souveraine, égales pour tous.

Le danger persiste néanmoins, et on l'a récemment observé au décours des élections aux Etats-Unis, où des groupes de jeunes racistes blancs, décomplexés, n'ont pas hésité à défier la plus grande démocratie du Monde.

Sans être naïfs, des futurs leaders africains pourraient, dans leur lutte pour la réhabilitation dans ses droits de leur continent longtemps marginalisé et exploité de façon criminelle, composer avec leurs paires progressistes de tout continent et de toutes races dans le Monde.

2. DES PEUPLES SOLIDAIRES

Personne ne gagne seul. Les plus grandes

puissances ameutent leurs alliés, et font des coalitions pour s'attaquer à de simples pays (comme récemment en Afghanistan, en Irak, en Lybie, en Syrie...). L'Histoire des indépendances africaines a aussi montré l'importance des États amis dans des processus de libération. Chaque État africain devrait faire la liste des pays qui lui sont solidaires dans le monde.

Les rapports étant spécifiques entre pays africains et le reste du Monde, chaque pays africain doit baliser son chemin du Fédéralisme selon ses réalités. À chacun de choisir ses propres accompagnateurs, des fédéralistes de préférence. Car ceux-là pourraient aider par leur expertise, l'information, et la logistique éventuellement.

3. ÉTATS FÉDÉRAUX AMIS

Des pays avec la même vision du Monde, pays fédéralistes, peuvent se soutenir pour de meilleures Justices nationale et internationale dans le monde. Des contacts établis entre fédéralistes africains, et autres progressistes dans le monde, sont d'une grande importance. Ils vont enrichir des modèles imaginés par les « Afriques », car un fédéralisme n'est pas l'autre.

Les modes de fonctionnement politique, de gestion financière, et de redistribution des revenus nationaux…, peuvent varier d'un pays à l'autre. Emprunter des idées ou des modèles compatibles des autres peut être pertinent, à condition de les intégrer dans l'Histoire, les us et coutumes, et les réalités et ambitions de chaque État fédéral en Afrique.

Le Monde, tel qu'il est, est faux ; il est bâti sur des faux, ses institutions sont fausses. Et le ciel d'Afrique est sombre, très sombre à cause des faux imposés et érigés en dogmes ! Le continent doit désobéir ; il doit cesser d'accepter et de suivre des mensonges qui l'avilissent ; il doit changer de paradigme.

L'Afrique avait été freinée dans son élan par des « Idéologies », et des « Traités », fabriqués pour le bonheur des autres, et lui imposés intentionnellement de l'extérieur pour qu'elle soit exploitable à merci.

Dans tous ces montages diaboliques, L'Afrique aura perdu des millions de ses jeunes robustes pendant l'esclavage, subi des traumatismes physiques et psychiques au cours des colonisations racistes, des génocides et de pillages barbares avant et après les indépendances des États. La facture est lourde, très lourde : ce sont des milliards des milliards qui lui ont été volés depuis l'esclavage et la Conférence de Berlin de 1885 ; le Monde doit beaucoup à l'Afrique. Et, maintenant, ce sont des « Globalistes » qui tuent pour mieux piller.

Les misères imposées en contre-parties aux « Afriques » sont à leur comble. Il est urgent de sauver des populations majoritaires en péril ; c'est une question de vie ou de mort sur le continent.

Il convient de chasser d'Afrique tous les régimes politiques dictatoriaux, et centralisés, à la solde des puissances étrangères prédatrices. Leur mauvaise gouvernance, népotisme, inconscience, trahisons…, ont affaibli le continent à l'intérieur et à l'extérieur, et généré des pertes des richesses, et des déchirements intercommunautaires sans fin.

Démonstration étant faite que des « Unités Nationales », décrétées d'en haut, aussi bien par des colons que par des dictateurs africains, n'ont nulle part abouti sur le continent, et que le tribalisme règne en maître partout, il faut revoir ses stratégies.

La « Solidarité africaine », tant clamée pour faire bonne figure devant un public, est à l'image des « Unités Nationales », rien qu'un slogan. Le Noir est plus solidaire avec sa famille et avec sa tribu qu'avec sa Nation. À moins de vouloir continuer à bâtir sur du sable, le réalisme impose que les grands États africains existants reconnaissent les « *Tribalités* » pour combattre le « tribalisme », et pour enfin stimuler des victoires économiques.

Le Fédéralisme vise à transformer des espaces culturels en régions administratives (États Fédérés), dans des grands États particulièrement, pour autant que leur démographie permette une viabilité économique. Et cela pour que des populations qui se connaissent et se reconnaissent travaillent ensemble, chez eux, sans dépaysements, ni conflits majeurs que s'ils se confrontaient à des inconnus, et qu'elles soient plus rentables aux économies au sein des États. Il s'agit de véritables révolutions internes, qui réhabiliteront des terroirs fertiles aujourd'hui à l'abandon dans des États africains, à cause des exodes ruraux favorisés par des pouvoirs centralisés.

Le Fédéralisme veut donc bâtir des « Unités Nationales » en partant des bases démographiques et culturelles des États existants actuellement, ce en stabilisant chaque communauté dans son milieu, en arrêtant des vagabondages et stériles mouvements démographiques des masses pauvres loin de chez elles. Le Fédéralisme instaure la stabilité des régions dont des natifs, élus démocratiquement, encadreront leurs propres communautés dans une symbiose linguistique et spirituelle.

En matière de bonne gouvernance, les « Afriques », dénuées des moyens de transports et de communications à la hauteur, ont intérêt à imiter des bons exemples connus au Monde : Américains, Belges, Indiens, Russes, Suisses…vivent des Fédéralismes heureux et sont des premiers dans le palmarès des États les plus développés. Les « Afriques » doivent arrêter de continuer à rêver de brassages spontanés et faciles de leurs diverses populations en centralisant inutilement des pouvoirs pour se donner l'impression d'être unis. Car l'on sait tous que les dictateurs ne roulent pour eux-mêmes, et leurs tribus ; ce qui systématiquement nuit à l'équité territoriale, à la distribution des richesses, au sein des États du continent, et génère des conflits à n'en pas finir.

En matière de Démocratie, des États fédérés, en assurant et certifiant des dépouillements électoraux de leurs ressorts, empêcheront aux étrangers d'imposer à la tête des États africains des sociopathes noirs, des illettrés, et autres psychopathes criminels, en vue de continuer leurs pillages sur le continent. Et des tripatouillages des scrutins, comme ceux vécus en 2018 en RDCongo, ici pays en exemple, auront beaucoup de mal à passer face à des États fédérés qui détiendront parts de vérités des urnes de leurs espaces. Des présidents des commissions électorales dites indépendantes qui, par tribalisme et corruptions, en ont fait à leurs têtes en faveur des dictateurs, au mépris des choix des peuples souverains, s'en trouveront vite bloqués et désavoués.

En matière de sécurité, des États fédérés pareront aussi aux menaces extérieures aux frontières avec des pays voisins, car eux seuls seront à même de vite identifier des infiltrés et de les stopper avant l'intervention fédérale. Et de la même façon, démasqueront-ils des intrus qui s'y présenteront comme des nationaux alors que ce sont des étrangers mal intentionnés.

En Matière d'investissements extérieurs dans leurs espaces, des États fédérés, avec des « Droits de Véto », auront le pouvoir de bloquer des contrats léonins, et autres projets nuisibles à l'écologie, dans leurs terroirs. Leur présence actives à la table des négociations va multiplier le nombre d'interlocuteurs des soi-disant investisseurs, pour ne pas dire prédateurs, et empêcher la manipulation des présidents incompétents contre des intérêts de leurs pays. Et ce sera la fin des signatures de nouveaux contrats léonins pour la ruine du continent.

En matière de développement intégré, des États fédérés seront des pools de développements au sein des États. Il n'est pas question que leurs terroirs soient cultivés par des multinationales étrangères. En valorisant eux-mêmes leurs terres fertiles, en jachères prolongées à cause des pouvoirs centralisés, en gonflant leurs productions spécifiques, et en exploitant leurs ressources lacustres et fluviales ..., les États fédérés nourriront leurs propres populations, les pays, et au-delà. Et ils génèreront des revenus insoupçonnés. Ces États fédéraux pourront de cette façon économiser des devises monétaires au profit de la construction des grandes infrastructures fédérales grâce à ces États fédérés.

Des États fédéraux seront les socles du « Panafricanisme ». Car, seuls des peuples épanouis, à l'abri des guerres et de la faim, peuvent s'unir. Cela est impossible avec des États centralisés, déchirés par des conflits liés à des ingérences étrangères et leurs corruptions, et pataugeant dans des misères indicibles.

Les « Afriques » doivent oser « des Fédéralismes », en s'inspirant de leurs passés ancestraux ; c'est une option d'avenir, c'est La Voie.